UN213219

La Naissance de la Gastronomie

武末祐子
Takematsu Yuko

ガストロノミーの誕生

フランスの食文化から見た文学・絵画

左右社

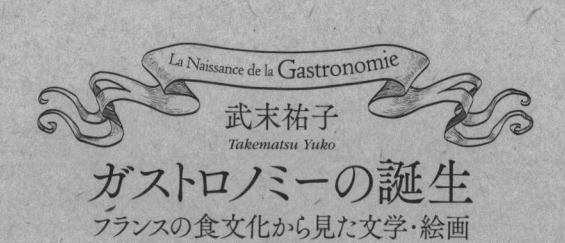

ガストロノミーの誕生

フランスの食文化から見た文学・絵画

ガストロノミーの誕生　フランスの食文化から見た文学・絵画―目次

コラム

まえがき

二〇一〇年、ユネスコはフランスの「フランス人の美食」を世界無形文化遺産に登録した。食文化を無形文化遺産として登録するのは初めてであった。その後、「地中海料理」「メキシコ料理」「トルコのケシケキ」などが続いて、「和食」も二〇一三年に登録された。二〇二二年には、「フランスパンのバゲット」が登録されている。

「フランス人の美食」とは、「たとえば出産、結婚、誕生、成功、再会など、個人やグループにおける、人生で最も重要な時を祝う社会慣習である。このような機会に会食者が「美味しく食べる術」「美味しく飲む術」を実践する祝宴の食事である」[★1]とユネスコの無形文化遺産のサイトで表現されている。また、美食術といえるものには、豊富なレシピ、地域ごとの風味、料理とワインの組み合わせ、テーブルセッティング、テーブルマナーが挙げられている。そして明確に定められた図式に従って食事が進むのも特徴である。「アペリティフ（食前酒）に始まり、ディジェスティフ（食後酒）に終わる、その間に少なくとも四つの料理、つまりアントレ、魚および／あるいは肉の野菜添え、チーズ、デザート」[★2]である。こうして、「美食は家族・友人間の絆を深め、より一般的には社会的絆を強固にする。」[★3]つまり、フランスのガストロノミー

（美食）は、食事を中心とした人と人との関係の構築であありコミュニケーションであるという総合的なフランスの文化そのものを示している。フランス政府とフランス人の自国の食文化に対する自信と情熱は、こういった世界初の文化遺産登録に表れているといえようが、いったいどこから生じているのだろうか。

フランス料理と聞くと高級なものであり、毎日は食べられないという人がいる。他の国の料理と比べてそれほど差のある料理なのだろうか。フランス人は私たち日本人とはまったく異なる食材を使って、まったく異なる食べ方をしているのだろうか。それではまるで宇宙人の食卓のようである。本書はフランス料理、パティスリー、ワインなどは高価で敷居が高く、マナーもあって堅苦しいという人々に、フランス料理の歴史を知ってもらい、もっと身近にフランス食文化を感じてもらう目的をもって書かれたものである。

フランスの美食を語るとき、タイユヴァン、カレーム、エスコフィエといった歴史的シェフの名前が挙がると同時に、ブリヤ＝サヴァランやグリモ・ド・ラ・レニエールといった美食家の名前も挙がる。作り手だけでなく食べ手もフランス食文化史において重要であり、双方が美食に貢献している。しかし、これらの人々を知らないとフランスの食文化を知ったことにならないのだろうか。

フランス人と食事をしていて、ほぼすべての人に共通することは、食べている食材が何かを聞いてくることである。調味料に何が入っているか、この香りは何か、何々と味が似ているなど、質問と同時に、どうのこうのと持説を話し始める。気が付くと会食者全員が巻き込まれている。食べているときに、食べているものに興味をもつのは、当然といえば当然である。フランスではまた、食事のとき、政治と宗教の話をしないというのが食卓のルールである。なぜなら最後は言い争いになるからである。食事のときはもっと楽しい話をする。楽しく食べる。

地方に住むフランス人は、ちょっとした畑を持っていて、簡単にできる野菜や香草を栽培している。また、フランス人は大抵、マルシェに行くのが好きである。パンは毎朝、それが無理であれば、二日に一度はパン屋に行って新鮮なものを買う。行列ができていてもパンのために並ぶのは当然だと思っている。筆者は、並んでいる最中に何を買おうかと物色するが、そんなことをしているフランス人はいない。買うパンは決まっているのだ。一週間ごとに変わるわけではない。パンも野菜も新鮮なのがフランス人の食生活である。

この本は、食べることが好きで、食材や調理方法を歴史的に絶え間なく変化させ続けてきたフランス人たちの、食事に対する飽くなき関心について調査したものである。フランス料理でよく言われるように、中世の香辛料（スパイス）が効いた料理は決してまずかったわけではない。ではどんな味だったのか。フランス料理はソースの料理といわれ、かけるソースと鍋の中で食材を煮るソース（ラグー）がある。それがデザートをコースの最後に追いやったことをあなたはご存じだろうか。パティスリーの章ではファルス（詰め物料理）とファルス（笑劇）のおもしろさを読んでいただきたい。小麦粉を使う職人、つまりパティシエのピエスモンテとは何か、今どのような発展を遂げているかあなたは知りたいはずだ。フランスパンは最初は皿の役目をし、ピザのように丸ごと食べられるものであった。さらにパンを食べるということはフランス人にとってどういう意味があったのか。ジャガイモがフランス人の口に合わなかったことは本当である。同時にパルマンティエという歴史に名を残すジャガイモ研究家を輩出したのもフランスである。フランス人にとってジャガイモとは結局何だろうか。ワインはフランス人が開発したものといっても過言ではない。古代ギリシア、中世キリスト教時代、華やかな宮廷社会を構築しながらワインが担ってきた役割とは何だったのか。

フランスの食文化は、文学や絵画など他の文化と相互に影響を与えながら発達した。そして、食文化自体も芸術artとなった。本書を手に取る人にはこの点を伝えたい。

この研究はさらに、各領域の現役のプロフェッショナルの方々から支援を得るという幸運に恵まれた。筆者の教える大学でレストラン料理、フランス菓子、フランスパン、フランス家庭料理、フランスワインのリレー講座を引き受けていただいた方々が、巻末にコラムを執筆してくださっている。この部分は、筆者が歴史という「過去」を担当しているのに対し、現在の視点から、しかも日本における専門家が考えている各領域の「現在」あるいは「未来」である。

食に関する書籍はすでに多様に出版されているが、筆者の専門である文学作品および美術作品を視野に入れ、本書は食の歴史的視点から出発し文学・美術作品を逆照射する。さらには、食の専門家たちの独自の視点をクロスさせ、横断的に取り組んだ。楽しんでもらえると幸いである。

なお、料理書に関しては可能な限り第一次資料を参考にし、フランス語で読んだ資料は拙訳、日本語で読んだ資料は訳者の文で引用している。図版に関しては、本書への転用許可を得たもの、オープン・データを利用したものがある。写真は、筆者・協力者撮影のものである。

註

★1　Le repas gastronomique des Français, Unesco patrimoine culturel immatériel, https://ich.unesco.org/fr/RL/le-repas-gastronomique-des-francais-00437, 二〇二四年一〇月三日閲覧

★2　同上

★3　同上

1

フランス料理からフランス美食学へ

Cuisine puis Gastronomie française

フランス料理というと、日本では高級・高価なイメージが強く、日常的に入るレストランの料理ではないだろう。結婚式、還暦祝、歓送会、客人を招待するときなど、お祝いの日・特別な日に食べる料理ではないだろうか。日本人にとって特別な日は、外食の日でもある。フレンチレストランに行くときは、誰かと一緒に行く方が楽しいし、一人で高い費用をかけて行く気にはなれないという人も多いだろう。

フランスでは、家庭で食べる料理もフランス料理であるし、レストランで食べるのもフランス料理である。日常でも特別な日でもフランス人はフランス料理を食べている。一人で食べても大勢で食べてもフランス料理である。フランスでは、外食をするとき、イタリアンにするか、スパニッシュにするか、ジャパニーズにするか、エイジャンにするか、普通（つまりフレンチ）にするかなどさまざまな選択肢からその日のレストランを決める。家庭料理もレストランで食べる料理も同じ「フランス料理」といえるが、もちろん、両者は、まったく異なる。日本人がイメージするのは後者であり、それは次のようなイメージだろう。

白い大きな皿の中心部に魚や肉の塊を少し盛り、その上に数粒のキャビアを載せ、周囲にカラフルな花や葉などを散らし、ソースを絵筆のように使って、食材の上や皿の周囲にかけている……。

視覚的に美しい盛り付けをするフレンチシェフたちにとって、皿は絵画のキャンバスに違いない。絵画的感性を必要とする。ただ平たく食材を並べるだけでなく、盛るのであるから立体的な感覚も必要である。彫刻的感性も必要とする。ただ食べてもらうのではなく、食材の情報提供をして楽しく食べてもらうのであるから、総合的な感性を必要とするであろう。会食者も思わず写真を撮りたくなる。

フランス料理と食文化について書かれた本は多い。まずは家庭でのレシピ集、パーティメニュー、宮殿・皇室メニュー、個人的エッセイ、時代の出来事と食文化の関係書から食卓での礼儀作法・マナー、偉大なシェフの伝説など、過去から現代まで、多くの専門家・研究家・批評家が多方面から書いている。

フランス人は料理を美味しく食べるために、どのようなことに力を入れてきたのか。料理の作り手および食べ手の両側からアプローチし、いかにして現在のフランス料理が定着していったのか、さらには私たちにとってなぜ異次元・異文化の世界と思えるまでになっているのか。本章では、中世から一九世紀にかけてフランス人が〈極めた〉美食を対象に見ていこう。自然と文化、次にスパイスからソースへの変遷、そしてテーブルセッティングについて考察していく。

1 料理とは何か、あるいは自然と文化

一九世紀の美食家ブリヤ゠サヴァラン Brillat-Savarin（一七五五―一八二六）は、『美味礼讃』で次のような逸話を書いている。ブリヤ゠サヴァランは、一八一五年、自宅にクロアチアの大尉

を食事に呼んだ。そのときの大尉の言葉を以下のように伝えている。

美味しいものを食べるのにこれほどの準備は必要ありません。我々は野戦でお腹がすくと手に入る最初の獣を倒し、肉のついた部分を切って、**サーベルポーチ**にいつも持っている塩を少々振りかけ、馬の背中の鞍下につけて、少し走り（歯でちぎるような動作をしながら）**ニアン、ニアン、ニアン**と王様たちのように食べるのです。★1（強調はブリヤ＝サヴァラン）

ブリヤ＝サヴァランは、狩猟肉を「生で」食べる例として、このクロアチアの大尉の話をしているが、大尉は、本当に生で食べているのではない。食べる前に「獣の肉を切る」「塩を少々振りかける」「鞍下につけて、少し走る」という行為を行っている。明らかに文化的行為（料理）をしているといえる。人間は自然のものを、じかに、生で食べているわけではない。肉を「切り」「塩を振りかけ」「王様の食事」にしているのである。つまり美味しくしようとしている。

日本では刺身を食べるが、これも釣った魚をそのまま口にするのではない。「水で洗い」「鱗をとり」「皮を剝いで」「包丁で切り」、そして「醬油につけて」食べるのである。人間が動物と同じではないのは、このようなわずかな行為によって、自然のものに手を加え文化的価値を付与するからである。クロード・レヴィ＝ストロース（一九〇八－二〇〇九）は、「料理の三角形」の中で、食べ物の認識について、次のように言う。

料理において（…）純粋な状態において生ものは存在しない。ある種の食物だけがそのように消費されうるが、それでも、選別され、洗われ、皮をむかれ、あるいは切られ、そうでなければ調味料をかけられてという条件がつく。[★2]

これを翻訳した西江雅之は、『「食」の課外授業』において、「地球上に生きる人類は皆、同じものを食べることができる、それにもかかわらず、そのほんの一部を各々の集団が「どのようにか」理屈をつけて「食べ物」として認めている、このことが「文化」なのです[★3]」と述べている。批評家ジャン・ヴィトーは、次のように解説する。

食物摂取は必要性である。一方、ガストロノミは際限ない探求、質についての継続的な考究、快楽への情熱、歓び、知識、そして文化である。食べることは人間であれ動物であれ、すべての生きものに共通する行為であるが、ガストロノームとして食べることは文化的行為なのである。[★4]

ガストロノームを美食家と訳すと、ガストロノミー（ガストロノミ）は美食学となろう。自然の素材をどのようにすれば美味しく食べられるかと試行錯誤するのは、まず、文化的行為であることを把握しておきたい。

レヴィ＝ストロースは、同著において、料理は〈自然〉と〈文化〉という二つの対立項から成り立っており、そこには安定した三つの極があり、それは〈生もの le cru〉〈火にかけたもの le cuit〉〈腐ったもの le pourri〉であるという。さらに、〈火にかけたもの〉は、〈焼いたもの le rôti〉と〈煮たもの le bouilli〉に分かれるという。

焼いたものは、火に直接さらされ、火と媒介のない結合を実現する。一方煮たものは二重に媒介されている。それを浸す水によって、と、水と食物の両方を包む容器によってである。二重の意味で、つまり現実的と象徴的の二つの意味で、結局、焼物は自然の側にあり、煮物は文化の側にあるといえる。現実的に、煮物は容器という文化的物体の使用を求めるからであるし、象徴的には、文化は人間と世界の関係の媒介であり、沸騰による調理は、食物と火の間の（水による）媒介、焼物の場合にはない媒介を求めるからである。★5

レヴィ＝ストロースは、〈焼物〉と〈煮物〉に人間社会の対人的な行為を結びつける。料理という文化的行為は、社会における対人関係を表している。〈焼物〉は、外への志向 exo-cuisine であり、外からやってきた客をもてなす料理、開かれたもてなしの世界である。一方、〈煮物〉は、内への志向 endo-cuisine で、小さなグループや家族で供するものであり、外部の者を入れない内部の者の閉じられた世界である。レヴィ＝ストロースは〈煮物〉は、保存術、節約術の証しであり、ブルジョワ的・民衆的な文化の象徴であるという。他方、王族、貴族たちは、自分の権力を周囲の人々に見せつける必要から、客の歓待に金を惜しまず、浪費と破産を繰り返す。貴族社会は〈焼物〉で象徴されていると説明する。

料理の三角形のもう一つの頂点は、〈腐ったもの〉である。これは、火にかけて作るものと、自然に放置させて作るものがある。前者はごった煮に代表されるように、肉や野菜を鍋の中で長時間煮ることによってさらに美味しくするもの、後者は、チーズやヨーグルト、ワイン、ピクルス、ぬか漬けなど、生ものを腐らす（発酵させる）ことによって美味しくするものがある。〈腐ったもの〉は、混ぜたり、菌を発生させたり、熟成させたりすることによって風味を出すのである。

料理が、文化であるとするなら、それは自然の素材を生（野生）の状態から切り離し、口に持っていくそのプロセスの中にある。

2 スパイスの料理

香辛料（スパイス）は、古代アッシリアの時代から薬用、防腐剤、香料として、たとえばオレガノ、タイム、サフラン、クミンなどが使用されてきた。古代エジプトでは、ミイラの防腐剤としてクミン、クローヴ、シナモンなどが使用され、またピラミッド建設時には、「労働者の体力増強」としてガーリックやオニオンなどが使用されたという。[★6] スパイスは、シルクロードを通って、東南アジアからヨーロッパへ運ばれ、価格も「500倍から1000倍になったといわれ、中世まではコショウと金銀が同一価格で扱われたという。」★7また、「スパイスの個性が特に発揮されるのが、香りである。芳香がなければ、スパイスの魅力は半減してしまうといっても過言ではない。そしてこの香りは、ブレンドする事で更に複雑な香りになる」と朝岡は説明する。★8レイ・タナヒルによると、「ハンガリア人、ブルガリア人、ポーランド人、ドイツ人、スペイン人、フラマン人、そしてイングランド人が、みな塩を商うためにヴェネツィアとアマルフィに大挙して押し寄せた。西暦八六〇年の厳しい冬のようにラグーンが凍ると、商人は最後の行程では船の代わりに荷馬車を使用した。ヴェネツィアは自ずと東西交易の中心となり、商人はコンスタンティノポリスに塩と塩漬け肉を輸出し、代わりにクローヴ、シナモン、胡椒、サフラン、生姜、カルダモン、砂糖、染料を持ち帰った。それらは何世紀も前にできた香辛料の道を通ってアジアからもたらされたものである。」★9

このように、古代から中世にかけて、香辛料が海路を、あるいは陸路ではシルクロードを通ってヨーロッパに押し寄せた。希少価値があり価格が高い香辛料を料理に使うことは、君主の権威を見せつけることでもあった。しかし、もともと植物の花、葉、茎、根、球根などを使用する香辛料は薬用として用いられ、さらに肉や魚の矯臭剤としても利用されていた。中世の宮廷の食卓はしたがって、香辛料を抜きにしては考えられない。中でもコショウは特別である。

中世ヨーロッパでは、コショウは香辛料の中で最も大切にされ、最も値段の高いものであった。「コショウのように高価」という表現は、当時の誰もが知っていたものであった。コショウ税が取り立てられたり、コショウを贈与したり、また貨幣が稀少であった時代には、交易の際にコショウがしばしば用いられたり（…）封建領主が臣下に強要した献上品のひとつであったりした。（…）リモージュの領主ギョーム伯爵は、自宅に「まるで豚に食わせる餌のドングリでもあるかのごとく、莫大な量のコショウを、山と積み上げて」所持していた。★10

図1『フランス国王の大料理人タイユヴァンの本』1545、リヨンで出版
Source gallica.bnf.fr / BnF

タイユヴァンTaillevent（一三一〇–一三九五）、本名ギヨーム・ティレルGuillaume Tirelは、ノルマンディーのポン・トードゥメールに生まれた。彼は、歴代のヴァロワ王朝の王、フィリップ・ド・ヴァロワPhilippe de Valois（フィリップ6世Philippe VI）の料理人（クーqueux、一三四六–一三五〇）、デュク・ド・ノルマンディduc de Normandie（シャルル1世Charles Ier）の料理長（エキュイエ・ド・キュイジーヌécuyer de cuisine、一三五〇–一三六八）、シャルル5世Charles Vの総料理長（メートル・ド・クーmaître de queux、一三六八–一三八一）、そして、シャルル6世Charles VIの厨房守備隊

長（メートル・ド・ギャルニゾン maître de garnison、一三八一－一三九二）として仕え、王たちの信頼を得て最高の地位にまで昇進した。タイユヴァンが書いた『食物譜』（ヴィアンディエ *Viandier*、制作年不明）は、フランスで最初の料理書といわれ、その後、重版され書き写されている。ちなみに書名に含まれる viande は肉という意味だが、古くは食物一般を意味していた。

タイユヴァンがエタンプ殿下に供したメニューがあるので見てみよう。★11

タイユヴァンがエタンプ殿下に供したメニュー

第1のセルヴィス Premier service
去勢鶏の澄んだスープ　シナモン風味 Chapons au brouet de cannelle
雌鶏の香草風味 Poules aux herbes
新キャベツと狩猟肉 Choux nouveaux et puis la venaison

第2のセルヴィス Second service
上等の口（火であぶった肉や魚料理）Rôt le meilleur
孔雀のセロリ添え Paons au céleréau
去勢鶏のパテ Pâté de chapons
兎の薔薇香酢風味と去勢鶏のムティシャン Levrault au vinaigre rosat, et chapons au moutichan

第3のセルヴィス Troisième service
山鶉のトリモレット Perdrix à la trimolette
鳩の蒸し焼き Pigeons à l'étuvée
狩猟肉のパテ Pâté de venaison
ゼリーと肉の薄切り Gelées et lesches

第4のセルヴィス Quatrième service
焼き菓子 Four
クレーム・フリット Crème frite
洋梨のパテ Pâtés de poires
アーモンドの砂糖がけ Amandes toutes sucrées
胡桃と洋梨 Noix et poires crues

フランス式給仕のしかたは、テーブルに複数の料理を出し、一回目の料理（セルヴィス）が終わると、二回目の料理、三回目の料理、四回目の料理と続いた。そのセルヴィスの数および一回のセルヴィスに出される料理の数は、会食者や招待客の地位によって、また人数によって異なっていた。料理研究家のプーランとネランクは、ルネサンス以降は大体三回のセルヴィスからなっていたと指摘している。これは現代の感覚にかなり近いといえる。

上記の四回のセルヴィスのメニューで注目したいのは、香辛料（スパイス）・香草（ハーブ）の多さである。まず、シナモン、香草、キャベツ、セロリ、薔薇香酢風味といったスパイス・ハーブが書かれている。第1セルヴィスのブルーエ brouet と呼ばれるスープは、スパイスが効いたブイヨンである。また、去勢鶏のパテ pâté de chapons の作り方では、「ラードを入れて、スパイスとしてジンジャー、その他のスパイスそしてサフランを入れなさい」[★12]と書かれている。第3セルヴィスに狩猟肉のパテとあるが、それが鹿の場合、「まず煮て、ラードを入れ、パテにして、そのあとジンジャーと少しのコショウを入れなさい」[★13]とある。同じ第3セルヴィスにあるヤマウズラのトリモレットには砂糖が入っている。[★14]

また、タイユヴァンの別の宴会のメニューには、ひよこ肉、ウズラ肉、鳩の砂糖と酢風味、ハムの砂糖風味などの料理がある。薄いスープを作るときも砂糖を使用している。[★15]中世の権力者の間で砂糖が普及すると、貴重な調味料として、料理に入れられることになる。中世の料理書では、砂糖が肉や魚料理に使われているのがわかる。「ジャン＝ルイ・フランドランによると、サヴォワ公アメデ8世の料理長シカール Chiquart のレシピ（一四二〇）では四四%、『食物譜』（タイユヴァン、一四八六）では一八%の料理に砂糖が入っている」と料理研究家のランブールは指摘している。[★16]

さらに、フランスの歴史家ジャン＝ルイ・フランドランは『食の歴史』*Histoire de l'alimentation* の中で、「酸味に対する嗜好はフランスにおいて特に顕著であるように思える。

最も古い『食物譜』は、レシピの七〇％以上において酸味の要素を入れている。（…）同書で酢とヴェルジュ（酸味の中の酸味）がフランス人の好きなスパイスであるジンジャーの次に来ているだけになおさらだ。イギリスとイタリアでは酸味はそれほど追求されていないが、フランスの場合は甘酸っぱいという傾向を示し、甘味料のバランスを取っていることがわかる」と書いている。★17

中世の食について、アンヌ・ウィランは「おいしい料理というのは、まず間違いなく、砂糖と、酸敗したぶどう酒（酢 vinaigre というのは文字通り〝すっぱいぶどう酒〟のことである）あるいはヴェルジュ verjus とよばれるすっぱい味の果汁でつくった調味料とで味つけされていた。当時、砂糖は塩と同じ調味料として扱われ、調理の最終段階で料理にふりかけることが多かった」★18と説明している。

このように、中世フランス人の味覚について、香辛料の使用によるスパイシーな味覚を指摘するだけでは不十分である。ブルゴーニュ公爵ジャン無怖公の塔で開催された中世時代をテーマにした展覧会図録においても次のように書かれている。味覚における「大きな傾向がヨーロッパの国々を分断している。地中海の人々は甘酸っぱい香りを好み、オリーブオイルで調理する。彼らは、フランドル人とドイツ人がバターを好み、ビールの中にまでバターを入れていると言ってあざ笑う。」★19地中海の人々とはイタリア、フランス、スペイン人たちであるが、イタリア人とスペイン人はフランス人よりもっと甘みを好んだという。

「タイユヴァンがエタンプ殿下に供したメニュー」には書かれていないが、去勢鶏の澄んだスープに入る前に、アペリティフ（食前酒）があったはずである。「食事は前菜から始まる。前菜はアペリティフ（食前酒）の役目を果たす、この食前酒という言葉は、ラテン語の**aperire**「開く」という動詞から来ている。つまり食欲をわかせることから始まる。それらに用いられたのは甘くスパイシーなワイン、クローヴ入りの香りの強い甘みワインに少量のパテやフルーツ（チェリーやレーズンなど）が添えられたものだった。」[★20]

一三九三年の『パリの家政書』（*le ménagier de Paris*）にはカメリナソースの作り方が書かれている。

トゥルネーではカメリナソースを作るのにジンジャー、シナモン、サフラン、それにクルミを半分ワインに浸し、鉢ですりおろす。白パンを焼かずに粉にし、冷たい水につけて砕き、すりおろし、ワインにつけ、おく。次にすべてを混ぜ、黒砂糖を入れる。これは冬のカメリナソースであるが、夏のカメリナソースも同じようにするが混ぜない。私は冬のカメリナソースが好きである。次のようにするともっとよい。少しのジンジャーとたくさんのシナモンを入れる。水に浸したパンか、酢に浸したたくさんのパン粉を入れるとよい。[★21]

カメリナソースの特徴はシナモン風味であるが、これだけたくさんの香辛料が入っていると、本当にシナモンの風味がするのかどうかわからない。パトリス・ジェリネはヴォルテール（一六九四－一七七八）の一七六五年九月六日付オートレ伯宛書簡を紹介している。「それでもヴォルテールは、スパイスがまだずいぶん使われ過ぎていると不満気だ。」「『正直に申し上げまして、胃袋が新手の料理《ヌーヴェル・キュイジーヌ》をまったく受け付けません。塩味のきついソースの中で泳いでいる仔牛の胸腺は口に合いません。……七面鳥、野兎、兎の挽き肉の混ざったものを、一種類の肉だと思えと言われても困ります。ハトのクラポディーヌ風（骨を除いて開き、グリルしたもの）も、皮の付いていないパンも願い下げです。……料理人といえば、ハムのエッセンスを入れたり、モリーユ（モリガサタケ科のきのこ）やシャンピニオン、コショウ、ナツメグを入れ過ぎて、そのままならとても健康にいい料理を別物にしてしまうのには耐えられません』」[★22]一八世紀のヴォルテールの時代まで香辛料は多用されていたが、その後、フランス料理は次第に素材を味わう料理へと変化していく。

また、中世の料理は、色彩にも気を使っていた。フロラン・ケリエは「中世貴族の料理はカラフルな料理を制作している。レシピは料理の色に注意を向けており、おそらく加熱時間を示す方法だと思われるが、色階は、黒から緑、黄、赤、ピンク、ブルー、そして白まで、驚くほどある。赤を得るにはイチゴあるいはチェリーのピュレから作業を始める。白を得るにはアーモンド、米、鶏肉そして白ジンジャー、緑色にするにはパセリ、スカンポその他のハーブ、黒を得るには焦がしたパン、黄色にはサフランや卵黄を用いる。」[★23]と指摘している。

中世フランスの人々にとって、あらゆる料理に砂糖を入れ、あらゆる料理に香辛料を入れて酸味を出すことは、甘味だけの料理とならず、酸味だけの料理ともならない、甘酸っぱい料理を楽しむためであり、そこにはフランス人の味覚のバランスが重視されていることがわかる。

また、メニューだけではわかりにくいが、料理の色彩にも注意が払われており、これはすなわち中世の人々にとって料理は視覚に訴えるものであることが理解できるのである。「ハーブやスパイスは、それらの味のよさや栄養分や科学的価値（辛子は肉を柔らかくするのに役立つ）あるいは医学的美徳（消化を助ける）のために使われていた。決して、消費が禁じられていた腐肉の味を隠すことに使われなかった」[★24]。

当時、宴会は、にぎやかに話をしながらフォークを使わずに手で食べていたということから、五感も十分刺激され、食卓の快楽を盛り上げていたであろう。中世の食卓というと、素材の臭みを消し、薬用でもあった香辛料を多用により、スパイスのごった煮のような料理を食べていたように想像しがちであるが、これまで考察してきたように、すでにフランス中世において甘酸っぱいという味覚のバランスが取れ、色彩（視覚）も無視されず、栄養的・医学的価値を考慮し、しかも手で食べることで触覚という感覚も食卓を構成していたと考えられる。

3 ソースの料理

タイユヴァンの『食物譜』は、長い間、宮廷でのレシピとして頻繁に使われ、重版されていた。この中世のレシピに料理の革命が起きるのは、一七世紀、フランスのヴァロワ王朝末期からブルボン王朝にかけての宮廷料理においてである。

一六五一年に出版された『フランスの料理人』*Le cuisinier français*は、シャロン地方を治めるウクセル公に仕えていたフランソワ＝ピエール・ド・ラ・ヴァレンヌFrançois Pierre de la Varenne（一六一八―一六七八）によって書かれた。これは、本格的なレシピ集であり、セルヴィスの順に、まず各種のポタージュ、アントレ、肉料理、魚料理、添える野菜、アントルメ、トゥルトとパテ、デザートとパティスリー、砂糖菓子とジャム、飲み物といったレシピが紹介されている。タイユヴァンに比べるとレシピの数が非常に増え、しかも詳細であることがわかる。

たとえば、最初に出されるポタージュを作るために肉や魚を茹でるブイヨン作りのレシピから始まり、「健康的ポタージュは、去勢鶏から作る。よく洗って下処理をし、羽をむしり、ブイヨンにする。黒くならないように蓋をしておく。塩を振り、茹で、よいハーブ類と、冬には白チコリ（エンダイブ）を入れる。そして盛り付け、パセリの根あるいはチコリなどハーブ類を添える。[★25]」

四旬節を除く、肉を食べない日の魚料理の例では、舌平目のラグー（煮込み）のレシピは、次のように書かれている。「舌平目を準備する。鱗をとり、内臓を処理し、水を切る。拭いて、小麦粉をつけ、フライパンに入れ、半分ほど焼く。そして腹を開け、骨を抜き取る。その中にケーパー、マッシュルーム、トリュフ、精巣、パン粉少々を入れる。次にアサツキを振りかけ、ヴェルジュとブイヨンを少々入れる。全部をまとめて弱火でじっくり煮る。レモンを少し振りかけて盛り付ける。[★26]」

ジビエ料理の例として、雉のベーコン焼きを紹介する。「雉を下ごしらえする、つまりグリルの上で火にかける、羽、首、頭、尾はそのままにしておく。穴をあけてベーコン（ラード）を入れる。バターを塗った紙で羽ごと包み焼く。皿に盛って包装をほどく。[★27]」

デザートは、その数も多く、またレシピが長いので、一つだけ紹介する。ピスタチオトゥルト（パイ）tourte de pistaches のレシピは次のとおりである。「ピスタチオは外皮を取り除いて、つぶす。オイルが多くならないようにオレンジの花の水、あるいは別の香り水をかける。バターをピスタチオと同じ量ほど溶かし、同量の砂糖を入れ、塩少々そして白パンあるいはミルク少々、全体を一緒に溶かし、それを薄いパスタを敷いたパイ型に入れ、トゥルトとパイ型は非常に細いものにする。それを焼き、砂糖をまぶし、熱いうちに食べる。またお好みの香り水をかけてもよい。[★28]」

以上のように、一七世紀のラ・ヴァレンヌのレシピでは、タイユヴァンのレシピのように、香辛料を多く料理に入れていない。塩、ハーブ類、パセリの根、ヴェルジュといった香辛料や酸味は使用しているが、過剰なものではない。砂糖もデザートにならないと出てこない。今日においてもこれらのレシピによる舌平目のラグーやピスタチオトゥルトなどは作れるし、美味しそうに感じられる。香辛料に変わって、植物の「香り水」が多く使用されている。料理に「香り」が必要なのがわかる。フランス人の料理に嗅覚が占める割合は高い。

ラ・ヴァレンヌのレシピ集には、メインの肉料理・魚料理のあとに、それらに添えられるソースの作り方が書かれている。酢、塩、オニオンあるいはシブール（ネギ）、オレンジあるいはレモンの皮、コショウで作るポワヴラード（ブラウン）ソース。青い小麦、焼きパン、酢、塩、コショウで作るグリーンソース。ウサギ肉を焼いたときにオレンジ果汁で作るウサギソース。その他、酢、ヴェルジュ、塩、コショウ、オレンジ果汁で作るジビエ用ソースなどが記載され、各種の肉にはそれぞれに合うソースがあることが述べられている。[★29] 料理人たちの関心が、香辛料からソースへと徐々に移行している。砂糖が消えオレンジやレモンがソースの適度な甘味となっている。またソースは焼肉の上ではなく下に置かれている。

レイチェル・ローダンは、一七世紀中ごろに変化を遂げたフランス料理について、研究家たちがラ・ヴァレンヌの料理書で指摘している変化の大きな基盤は二つあり、「料理からスパイスや砂糖が消えたこと、小麦粉でとろみをつけた脂肪質ベースのソースが登場したことだ」と述べている。[★30]

ラ・ヴァレンヌの料理書が画期的であり、翻訳されてヨーロッパに拡散された理由は、一七世紀および一八世紀にフランス料理が完成の域に達しようとしていたからである。

一六九一年に出版されたフランソワ・マシアロ François Massialot（一六六〇－一七三三）の『王室とブルジョワ家庭の料理人』（*Le cuisinier roïal et bourgeois*）を見てみよう。この本の完全なタイトルはもっと長い。『王室とブルジョワ家庭の料理人、彼はあらゆる種類の食事、流行している最も美味なラグーの最高のレシピを処方しようと学んでいる』というものである。ラ・ヴァレンヌはソースのページを設けていたが、マシアロは、ソースもだがラグー（煮込み）を勧めている。そしてマシアロは、月ごとのメニューを考え、季節の食材を用いてセルヴィスを提案している。次に挙げるメニュー（一六九二年版）は、「シャルトル公がマドモアゼルに送った食事を模

して一二人用に」準備できる一月のメニューである。[★31]

一月の料理

第1のセルヴィス
ポタージュとアントレ
ポタージュ　2品　つまり：
鳩のビスク中皿　1皿
去勢鳩、根菜添え　1皿
アントレ中皿　2品　つまり：
ヤマウズラの温製パテ　1皿
トリュフ詰め肥育鶏、フリカンドー（子牛肉の薄切り）添え　1皿

主たるアントレ
ロ・ド・ビフ（牛の後半身）2塊
子牛をマリネして揚げたコトレットを添え
上から蓋をして
中央の大鉢に置く

オードヴル

鳩のププトン　1皿

ウズラのブレゼ　1皿

若鶏の詰め物、きのこのクーリ　1皿

ヤマウズラ、スペインソース　1皿

第2のセルヴィス

ロ

2つの中皿：

ヤマウズラ、鶏、ヤマシギ、ヒバリ添えの七面鳥

同様の添え物をした子羊

アントルメ

フィイアンティーヌ（長方形のパイ菓子）と三日月形のパイ菓子飾りおよびミルクドーナツを添えたクレームトゥルトを中央に置く

中皿　2皿：

焼きパンとレモンを添えたハムのパン
ハムと別の肉の塩漬け

オードヴル
ブラン・マンジェ　1皿
フォワグラ　1皿
アスパラガスサラダ　1皿
トリュフのクールブイヨン　1皿

第3のセルヴィス
フルーツ、ジャムなどであるが、ここでは話さない
なぜなら、それはオフィシエの仕事であって料理人の
仕事ではないから

マシアロは上記で、クーリといった搾り汁やスペインソースを挙げているが、他にラグー（煮込み ragoût）を多く提案している。「ウサギあるいはヤマウズラの温製パテ　ヤマウズラのクーリあるいは別のラグーをつけて」「鶏のキモ、ラグーを添えて」「鯉の詰め物、アミガサタケ、

トリュフ、シバフタケ、アーティチョーク、予め釣ったエビの尾で作ったラグーをかけて」など多くのラグーを推奨している。

一七世紀の辞書編纂者フュルチエール（一六一九―一六八八）によると、ソースには「その中でさまざまな食材を煮るものと、調理した食材を引き立てるために準備するもの」の二つがある。後者の場合は小麦粉を使用するようになるという。中世では、ソースの「つなぎ」にパンを使っていたが、徐々に小麦粉を使うようになるのである。後者は、いわゆるソースであり、前者の方はラグー（煮込み、シチュー）として発展していく。マシアロは、ソースも紹介しているが、ラグーはその二倍以上のページをさいて紹介しているので、彼のお勧めはラグーであろう。

もともとsauceという単語は、大衆ラテン語のsalsaサルサ（chose salée、塩辛いもの）から生じていて、味の調整に使っていた。中世のソースはスパイスと酸味系の果汁から作る。「中世のソースは一つの料理に合わせて一緒に出し、芳香をもたせるもの」であり、スパイスも薬屋で売られ、「ソースは薬と見なされていた」とランブールは説明する。[★32] そうだとすれば、スパイスに変わって、次第に覇権を握るのはソースであると考えてよいだろう。そして、ソース（塩辛いもの）の発展は、フランス料理から徐々にスパイスの量を減らしていくのである。

もう一つ、フランス料理におけるソースの発展を促したものはバターである。先ほど紹介したラ・ヴァレンヌのジビエ料理にも使われていた。フランソワ・マラン François Marin『食の贈り物（続）』（一七四二）の中で紹介されている、当時大流行した「牡蠣とトリュフのソース」の作り方は以下のとおりである。

きれいなトリュフの皮をむく。それを輪切りにする。半分の量をとってパセリ、葱、エシャロット、塩、コショウとともに刻む。固形バターを入れて合わせる。鍋をバターでこする。その中にトリュフを入れる。バターを少し入れる。生牡蠣を入れる。牡蠣が白くなったら、牡蠣の襞と硬い部分を取り除く。さらにバターを加え、トリュフを入れる。油を入れて、ふたをしっかり閉める。一五分火にかける。シャンパンをコップ半分、仔牛のエキスを少々入れ、さらに油がなくなるまで煮る。最後はレモン汁をかける。このソースは、何にでも使える。おやつにパンと一緒に召し上がれ。

(François Marin, *Suite des Dons de Comus*, 1742)[★33]

バターは、昔から人々が摂取しており、三大栄養素の一つである脂肪分である。ブリュノ・ロリユーは中世末期ごろ、脂肪分を摂取するための食物はかなり曖昧であったが、「一五世紀初めの教皇マルタン5世の料理人であったジャン・ド・ボッケンハイムが使用していた異なる種類の脂肪六種のうち、三つ(「ラード」「バター」「オイル」)だけは、完全に決まっていた」[★34]という。そして、脂肪分を必要とする、ヨーロッパの北の地方の人たちであるが、三大脂肪分のうちバターは使用率が低かった。フランドランは、「どこでもそうだが、ラード、豚の脂身、ガチョウの脂肪などの調理は、バターの調理より評判が良かった。バターは長い間、すべての乳製品同様、田舎のステータスだったのだ」[★35]と説明している。また、一五世紀後半ごろから、料理書において、スパイスの使用が減り、動物脂肪や植物油脂の伸び率に比べバターの使用率が飛躍的に伸びていることも指摘している。[★36]

前掲のマシアロの料理書にも、バターは肉・魚料理のみならず、野菜にもアントルメにもすべてにおいて使用されている。ソースを作るのにも必要とされている。また、ソースのつなぎにはパン粉から小麦粉の使用が多くなっていく。

こうして砂糖の入った料理は、一八世紀には減少の一途を辿る。「一三、一四、一五世紀では、実際食事のさまざまなとき、つまりポタージュ、アントレ、ロ、アントルメ、デザートにおいて使用された。一七世紀以降、甘い料理は、食事の終わりの方へ集中し、昼食、間食、他の甘い飲料付きのコラシオンにおいても、終わりの方へ集中し始めた」[★37]とフランドランは述べる。

ソース（塩辛いもの）の発展は、砂糖をだんだんと食事の終わりの方へ追いやり、ついにデザートにだけ使うようになるのである。

フランスのガストロノミーについて、北山晴一は「ガストロノミー的現象は一七世紀後半からすでに、それなりの独創性をもって発展を始めた。その特徴を、プーランは、料理法（ルセット）の数の増加と、料理体系の複合化にあるとしている」[★38]と述べている。

さらに北山はプーランに依拠して、料理書は「ルセットだけでなく、料理以前の諸要素（クーリ、ソース、付け合わせ）の作り方、組み合わせのルール（諸要素を組み合わせることでいくらでも新しい料理の創出を可能にするルール）を含む著作となっていくのである。」「たんなる料理のリストからコード体系（無限に近い数の新しさの創造を可能にする開かれたシステム）への転換は、まさにパラダイム革命といってもよい出来事なのであった」と言う。★39

そのソースのリストからコード体系へ発展させた料理人の一人がアントナン・カレーム Antonin Carême、本名マリー＝アントワーヌ・カレーム Marie-Antoine Carême（一七八四―一八三三）である。一八三三年に出版された『一九世紀のフランス料理芸術』は、ブルジョワ料理のポ・ト・フの分析からはじまり、ポタージュのレシピへと進む。ランブールが指摘するのは「これらの料理レシピの合理性は何ら新しいものはない。一七世紀、一八世紀の料理書と異なる点は、適切な技術用語の登場であり、一つの単語はコード化された実践につながっている」★40ことである。カレームにとって料理は職人芸ではなく、科学であり芸術の域にまで高められる。その第三巻には、大ソースとそこからさまざまに派生する小ソースが書かれている。「カレームはフランス料理をソースの料理としている。」★41バター、油、クリームといった脂肪分を多く含むつなぎのソースで肉や魚を味付けするように指示している。「カレームの四つの基本的なソースとは、スペインソース espagnole（少し赤みがかったブラウンのフォン）、ヴルーテソース velouté（ルーでつないだホワイトのフォン）、ドイツ風ソース allemande（卵黄が入ったヴルーテ）、ベシャメルソース béchamel（クリームが入ったヴルーテ）。この四つから、さらにいろいろなソースができる。カレームは二〇〇種のソースレシピを提案している。」★42さらに、ランブールはカレームを模範としたエスコフィエに言及して、「ソースはフランス料理の一つの特徴となっており、その成功に貢献する。オーギュスト・エスコフィエにとって、ソースは〈料理の主要な部分〉を表象している。ソースこそが、フランス料理の普遍的優越性を創造し維持した。したがってその準備に配慮と注意をかけすぎるということはない」[★43]と言う。

カレームは、スペインソース、ヴルーテソース、ドイツソース、ベシャメルソースの四つを基本ソースとして、トマトソースは、小ソースに分類していた。ランブールによると現在でも料理人のバイブル[★44]といわれるオーギュスト・エスコフィエ Auguste Escoffier（一八四六―一九三五）の『料理ガイド　実践料理の覚書』*Le Guide culinaire aide-mémoire de cuisine pratique*（一九〇三）では、基本ソースは五つで、スペインソース、ヴルーテソース、ドイツソース、ベシャメルソースにトマトソースが加わっているという。エスコフィエは、同書で伝統的なスペインソースが衰退してきているが、トマトピュレを加えることによって、十分基本のソースとして維持でき、また純粋度を高めてドゥミグラスとすることで完成度を高めることができると述べている。[★45]

こうして、フランス料理のソースは、その体系化・コード化によって、基本ソースから細分化され、あらゆる料理に適応できるようになったのである。

4　フランス料理のテーブルセッティング

フランス料理は、テーブルセッティングを抜きに語れない。一つの食卓を大勢で囲むとき、人々はどのように座ったのだろうか。食卓の皿と椅子の配置は、考え抜かれたコミュニケーションのあり方といっても過言ではない。フランス料理が他の国の料理と大きく異なるのはテーブルセッティングにおいてである。

一般的にフランス式セルヴィスの方法は、一度に多くの料理をもってくるため、特に温かい料理は食べている間に冷めてしまい、美味しくなくなるという批判があった。そこで、一九世紀にロシア式セルヴィスが取り入れられたと言われている。現代ではフランス料理は、ロシア式で給仕されている。ロシア式セルヴィスは、ポタージュ、アントレ、メイン、デザートが一皿ごとに出されて、引かれ、次の皿が出されて、それが引かれ、という具合に食事が進行する。しかし、フランス式セルヴィスは、昔からそうではなかった。ロシア、イギリス、オランダの料理では、食べ手に合わせて機能的に食事をしていたが、フランスでは非機能的な食事のしかたをしていたといえるだろう。非機能的というのは、会食者は自分の前に置かれた料理しか食べられず、食べたいものを食べられるわけではなかったのである。

第三節で紹介したマシアロの一月のレシピを再度、見てみよう。全体は三つのセルヴィスでできていて、マシアロが料理人として紹介しているレシピは、第1のセルヴィスと第2のセルヴィスである。第1の

図2　マシアロ『新王室とブルジョワ家庭の料理人』1722、セルヴィスが終わるまでテーブルの中央に置かれるプレート
Source gallica.bnf.fr / BnF

セルヴィスでは、ポタージュ2皿、アントレ2皿、オードヴル4皿、それに中央に一つ大皿が置かれている（図2）。第2のセルヴィスでは、焼肉料理が2皿、アントルメが2皿、それにオードヴルが4皿である。つまり、第1セルヴィスと第2セルヴィスの皿数は8皿で同数であり、中央に置かれた牛の肉は取り去られ、代わりにアントルメのクレームトゥルトが置かれる。そして一回のセルヴィスで一二人の会食者がシェアする仕組みである。二つのセルヴィスを合わせると16皿になり、会食者の数を上回り、各人にとっては、十分に腹を満たせる量ではないかと思われる。

　図3は、マシアロが『新王室とブルジョワ家庭の料理人』（一七二二）で描いている一〇人から一二人の会食者のためのテーブルセッティングである。この図と上記第三節で紹介した「一月のメニュー」を交互に照合しながら見てみよう。

　注目すべきは、第1セルヴィスと第2セルヴィスの皿がどういうふうに入れ替わるかであるが、ポタージュとアントレ各2皿が次のセルヴィスの焼肉とアントルメの各2皿に置き換わり、オードヴル4皿は次のオードヴル4皿に置き換わっている。つまり皿の数が同数で対称的なのである。したがって、次にくる皿は、必ず、前にあった皿と入れ替わるようになっている。そ

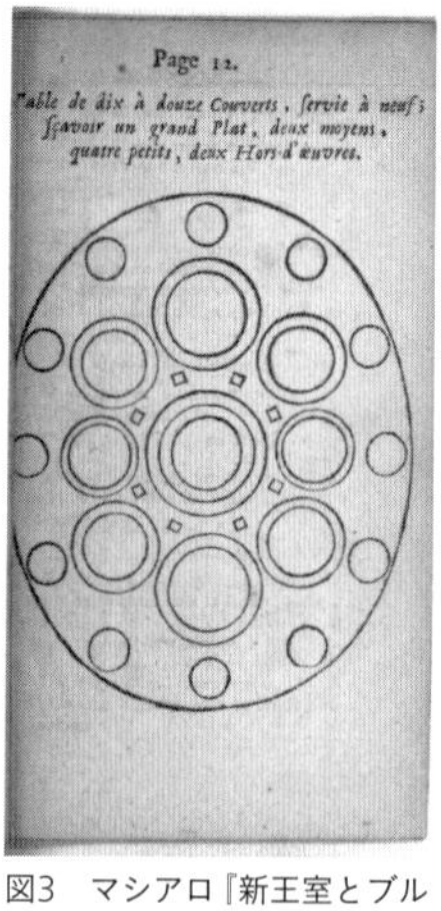

図3　マシアロ『新王室とブルジョワ家庭の料理人』1722、p.12、10人から12人のテーブルの例
Source gallica.bnf.fr / BnF

れ以外の場所に置いてはいけない。空になった皿から下げられていくが、代わりに必ず次の皿を用意してくる。テーブルに、空の皿、空白の場所を作ってはいけないのである。これは国王の食事においても変わらない。

次の図4は、ルイ15世がポンパドゥール夫人と過ごしたショワジー城における、一七五八年一二月一三日水曜日の夕食のメニューである。ショワジー城は、一七三九年にルイ15世が買い取り、亡くなる七四年まで三五年間、ヴェルサイユ宮のオフィシャルライフとは異なり、自分自身に戻れるプライベートライフを過ごした城である。

このメニューは、一番上に夕食の日付が書かれており、その下に円を四分割して、向かって正面上には第1セルヴィス、左側が第2セルヴィス、正面下が第3セルヴィス、右側が第4セルヴィスと表示されている。細かい字で何が給仕されたか書き込まれているのだが、今回はそこまで読み込まず

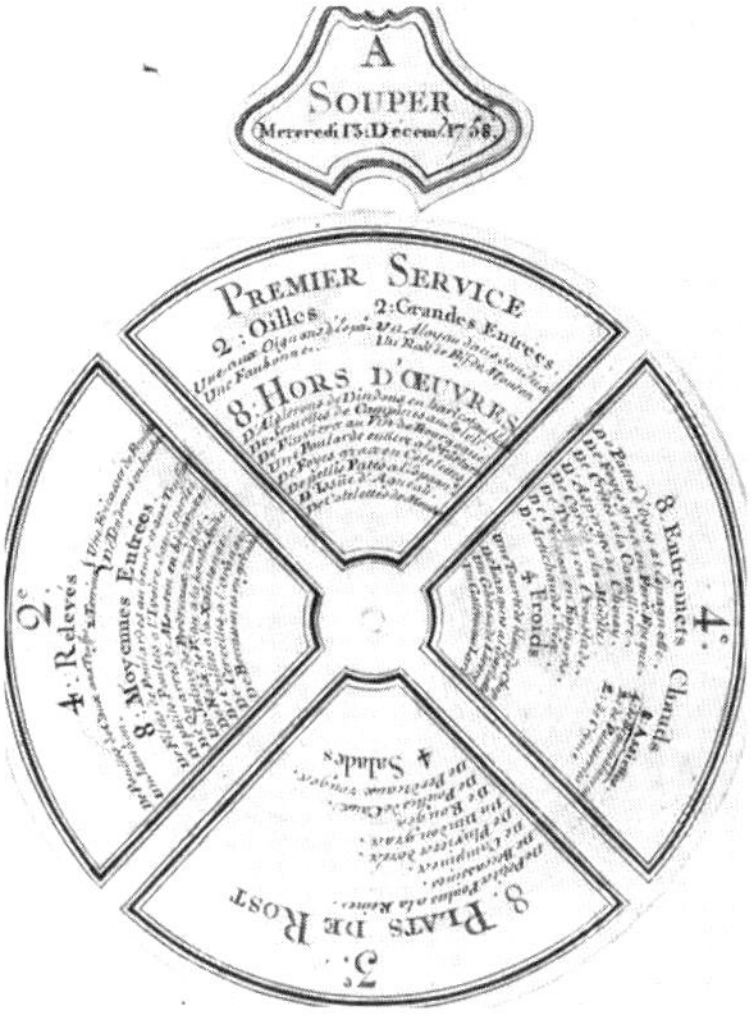

図4　Souper, Mercredi 13 Décembre 1758,（1758年12月13日水曜日の夕食のメニュー、ポンパドゥール夫人が思い出としてルイ15世にプレゼントしたメニュー） https://www.photo.rmn.fr/archive/05-516642-2C6NU07Z4OSM.html, 2024年10月12日閲覧

に、全体図を見ることにする。大・中くらいの大きさで書かれた文字ははっきりしている。

まず第1セルヴィスには、ポタージュ2皿、大アントレ2皿、そしてオードヴル8皿である。第2セルヴィスでは、ルルヴェ（ポタージュやオードヴルとアントレの間に出される料理）4皿、中アントレ8皿、第3セルヴィスでは、ロースト肉8皿、野菜4皿、第4セルヴィスでは、温製アントルメ8皿、冷製アントルメ4皿である。

このルイ15世の食卓では、4回セルヴィスが行われており、すべての回において一二皿の料理が出されている。これを見ると、前の皿のあとに、次の皿が置かれるのがよくわかる。第1セルヴィスのポタージュ2皿と大アントレ2皿は第2セルヴィスのルルヴェ4皿に置き換わり、オードヴル8皿は、中アントレ8皿と交換される。場所の配置も同じである。また想像するしかないが、皿の位置も視覚的であるはずだ。ポタージュ、大アントレ、ルルヴェは、テーブルの皆がよく見える中央外寄りに位置し、オードヴルと中アントレは中央寄りに置かれるだろう。書かれていないが、中央には、常時置いておく皿があるだろう。第3セルヴィスと第4セルヴィスでは、4皿と8皿の場所が逆転し、よく見える外側の位置に焼肉と温製アントルメが置かれ、中央寄りに野菜と冷製アントルメが置かれている。

このような視覚的な料理の置き方・見せ方は、左右シンメトリックな皿の配置によって、そして中央から端へと大中小の盛り付け方の高さ、つまり三角錐のような建築的パノラマを許容し、そして焼肉料理が食事のピークとなることによって、豪華さと快楽の時間的演出を最高度のものにし、しかもすべてが秩序立てられていることを示している。

すべての料理が一度に運ばれてきて、ある一定のきまりのもと食卓に並ぶ。各セルヴィスには同じ皿数が置かれ、第一のセルヴィスの一つひとつの料理が、第二のセルヴィスに対応する皿を持っている。つまり、フランス式の食事の特色は、二重の対称性にある。セルヴィス間の対称と、各セルヴィスの食卓上の皿の配置の対称性だ。一番量の多い中央の皿から、両側にいくに従って料理の少ない皿をならべていくのである。★46

プーランとネランクによると、二重の対称性とは、第1と第2のセルヴィス、あるいは第3と第4のセルヴィス間にある皿の交換性、それと一つのセルヴィス内における皿の配置の対称性である。これは、構造言語学でいうところの範列関係（パラディグム）と連辞関係（シンタグム）にあたる。ポンパドゥール夫人がプレゼントしたメニューの第1セルヴィスには、例えばポタージュ2皿、大アントレ2皿が見える。これらの各料理はポタージュやアントレならなんでもよいのではなく、その日のメインの狩猟肉のブイヨンが出汁となり、ポタージュやアントレを構成する。さらにこの4皿は第2セルヴィスで同様に選ばれたルルヴェ4皿に置き換わる。これが範列関係（縦関係）である。食卓に並べられた目前の料理は、食べ合わせと色彩がよくないといけない。第1セルヴィスの各料理は食卓上で繋がっており、各料理が互いに食欲を増進させるように組み合わされている。これが連辞関係（横関係）である。フランス料理は縦糸と横糸で織られた織物のように美しく構造化されたものである。次にくる皿を想像しながら現前する料理を楽しむ世界に人々は身をおいている。ただ、ここで、気になる点がある。

オートキュイジーヌは宮廷料理を意味する。上記の円形メニューは、オートキュイジーヌである。ポンパドゥール夫人がルイ15世に贈ったメニューである。シャンティイ城の学芸員ニコル・ガルニエ＝ペルによると、メニューはまだ一七世紀には存在しておらず、最初のメニューは、この手書きのメニューであるという。「もっともそれはテーブルに置かれる目的で制作されたメニューではなく、国王の旅の思い出のためであった。」[★47] また、ショワジー城は、国王にとって憩いの場であったが、それでも食卓は社会の縮図である。「『食卓にはたくさんの料理が並び、各人が自分の好みに合わせて、心のおもむくままに食欲を満たすことができる。ただし、誰もが直接スムーズに料理が手にはいるとは限らない。食卓を囲む会食者の席順は、食卓づくりの規則に従っているのである』」[★48]。

プーランとネランクが説明するのは、楕円形のテーブルにたとえば一二人の会食者が座るとする。楕円の一番中心部に向かい合って、ホスト役の主人（アンフィトリオン）と重要人物が席につく。その両側に、地位が高く、かつ話がはずむ相手が順番に座っていく。楕円形の両先端には、もっとも地位が低い人が座る。こうすると、中心部にいる人は、ほぼすべての皿に手が届くが、両端に座っている人は、自分の前に置いてある料理しか手が届かない。少し先にあるものを取ってもらうことはできるが、それは隣の人に頼まなければならない。こういった食卓の特質がある。これまで説明してきた料理、たとえば、ショワジー城のルイ15世の夕食の毎回の皿数12個は、すべて異なる料理であり、何一つ同じものがない。そのため、各人、皆、自分の好きな料理を選んで食べることができるが、両端に座っている人は、好き嫌いを言っている場合ではなく、自分の前に置かれたものしか口に入らない。これは、食卓における社会権力の縮図であり、各自の地位の再認識につながる。

　君主制の崩壊後、一九世紀のブルジョワ階級が、貴族の習慣を身に付け、彼らの精神を学んで、下層階級との差別化をはかろうとする。その中で食卓は重要なツールとなる。「料理と飲食客とのあいだに隔たりが生じるということである。仕事上の昼食《デジュネ》や夕食《ディネ》の際、飲食客は商談のために料理を犠牲にする。が、一九世紀には商談よりも料理が優先されていた」★49と、アロンは述べている。フランス料理の歴史において、いかに食卓が重要であったかがわかる。それは人と人の関係を示すのである。

　フランス料理のテーブルセッティングにおいては、フランス庭園との関係を考察しておかねばならない。一六五一年、ラ・ヴァレンヌの『フランスの料理人』が出版されて以来、フランスの宮廷料理はブルボン王朝のもと、急速に発展する。ルイ14世の財務卿であったニコラ・フーケに一六五六年にヴォー・ル・ヴィコント城で雇われた料理人フランソワ・ヴァテルは、すぐに総支配人（maître d'hôtel）になる。同時期、ヴォー・ル・ヴィコント城は、フーケに雇われたル・ヴォー、ル・ノートル、ル・ブランらによって整備され美しい庭園を持つ宮殿となる。一六六一年にフーケは、ルイ14世、コルベールらを招いて大宴会を催す。国王に比する贅沢さを見せつけられ、これをよく思わなかった国王は、直ちにフーケを捕え、フーケは牢獄で一六八〇年に亡くなる。このとき、ヴォー・ル・ヴィコントの城館を建設していたル・ヴォー、ル・ノートル、ル・ブランらは、その後ヴェルサイユ宮殿建設に携わり、フーケの城館よりさらに美しい宮殿を完成させることになる。フーケ逮捕のあと、総支配人ヴァテルは、ロンドン、ついでブリュッセルに亡命した。同様にロンドン、ブリュッセルに亡命していた友人グールヴィルが大コンデ公に雇われ、「彼がヴァテルを王子に仕えるよう手配し、ヴァテルは一六六七年、大コンデ公の「総支配人」となる」。[★50]ヴァテルは有能であった。大コンデ公のシャンティイ城も庭園家ル・ノートルの設計であった。[★51]

当時、上記の三建築家・画家やヴァテル自身も複数の主人に仕えていたのだが、ヴァテルだけはヴェルサイユに呼ばれなかった。フーケとの間があまりにも接近していた総支配人という地位は、中立を保ちづらい地位であったかもしれない。大コンデ公のシャンティイ城に入って、四年後に催されたルイ14世の訪問日のパーティで、ヴァテルは海鮮物が届かないという理由で自殺をしたと伝えられているが、六年前のフーケの事件と末路の記憶が残っていたからかもしれない。

ブルボン朝の最盛期にルイ14世という健啖な国王もいたからであろうが、このように、フランス料理は、城館建築とともに発展していった。ヴォー・ル・ヴィコント城（図5）は、城館を中心に中央の縦軸が伸び、左右には対称な区画が配置されて横軸をなす。その中に刺繡を施

図5 ヴォー・ル・ヴィコント城（筆者撮影、2024年）

されたようなカラフルな花壇があり、奥に見える四つの噴水はさながらポタージュかアントレのようである。さらに、遠くに行くにしたがって狭く見えるように、絵画の遠近法の技術が使われている。周囲は木々に囲まれ、食卓を囲む人のようである。

貴族たちは、室内だけでなくテラスや庭園でも食事をとった。コラシオンcollationといって特に断食日や間食、あるいは狩猟をしたあとなどに食べる軽食は、しばしば屋外でとられる。レストランに行くと中に入って席を取りたい日本人は、冬でもテラスで食べるフランス人に驚くに違いない。フランスの食卓がフランス庭園の縮図、あるいはフランス庭園はフランスの食卓の拡大であることを思えば、食べる喜びは、食べる環境・文脈が伴わないと生じないということがわかる。食卓と庭園は相似であり、一つの宇宙を作っている。（図6）

このような食卓は、料理が洗練され、マナーが尊重され、食事の演出が行われているといってよい。ヴァテル研究家ドミニク・ミシェルは次のように言う。「料理技術は一七世紀になると飛躍的に進化する。古

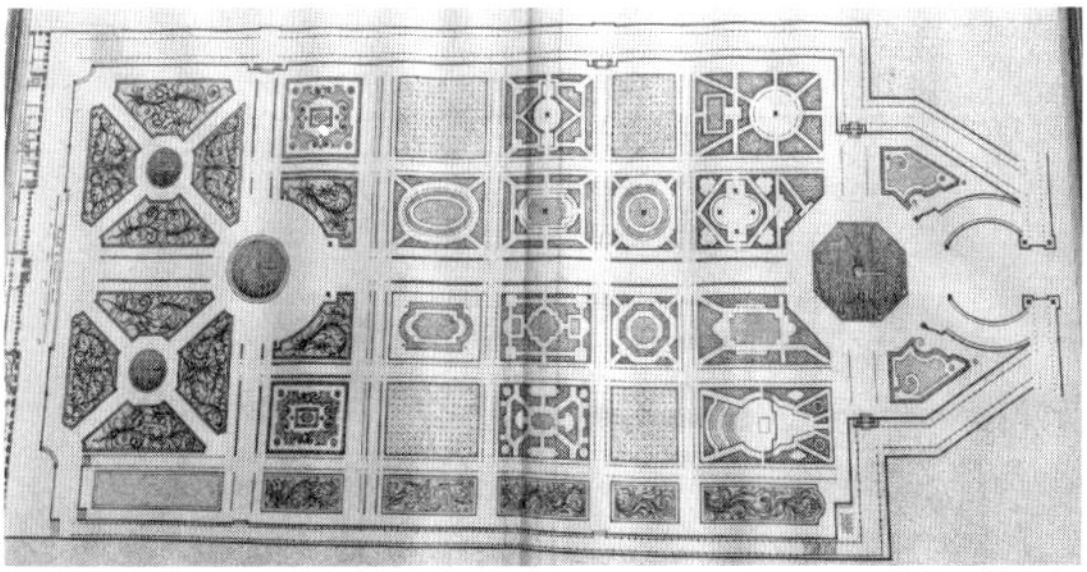

図6　チュイルリー宮庭園のプラン（ヴォー・ル・ヴィコント城蔵、筆者撮影）　アンドレ・ル・ノートルは、ヴォー・ル・ヴィコント城、ヴェルサイユ宮庭園のあと、チュイルリー宮庭園の造営に携わっている。フランス整形式庭園とフランス式食卓のコンセプトが同じであることがわかる

代の食事療法への態度が変化し、味覚も変化し、新しい食材も登場し、加熱器具が改善され、料理人はますます洗練を求めるようになる。（…）食事の構成とフランス式セルヴィスは新しい料理法と密接に関連していく。料理技術だけでなく食卓芸術が語られ始める。「繊細、配列、清潔」が料理人とメートル・ドテルの三つの掟となる。食べる喜びは視覚の喜びと嗅覚の喜びに連結する。食卓と食事が進行する領域は演出の対象となる。装飾、台所用品・食器・布類の洗練、それらを配置する知性、といったものがメートル・ドテルの才能となる。彼は食卓の料理が完璧なシンメトリーを構成しているか見張っていなければならない。それが彼が支配するセルヴィスの綿密な組織性を意味する。[★52]」

＊＊＊

フランスでは、美味しく食べるためにどのようなことをしてきたのか、というテーマで検討してきた。まず料理とは文化であり、人間が自然に手を加えることによって、自然から切り離した食材を火にかけたり、発酵させたりして食べるものである。

そう考えて料理を作り始めた中世の料理人たちは、自分が仕えた宮廷で腕を振るった。最初の料理書、タイユヴァンの『食物譜』*Viandier*が伝えるとおり、中世の人々は、香辛料を使い、砂糖も使った。辛いだけではなく、甘味によって料理のバランスをとっていた。つまり甘辛い味を楽しんだ。当時、コショウ、ジンジャー、ナツメグなどの香辛料は、シルクロードを通ってしか手に入らない貴重品であった。それは、宮廷領主の権力の証であり、また、商人・農民が食べているような食事ではなく、奇抜な味を求めることによって差別化を図っていた。タイユヴァンの料理書は一七世紀でも使われていたが、やがてラ・ヴァレンヌの『フランスの料理人』が登場し、レシピの数も増え、香辛料が明らかに減少してゆき、砂糖の使用が料理の終わりの方へ移動する傾向があった。そしてバターの使用が伸び、クーリ、フォンなどが基礎となり、同時にソースの数が単に増えるだけではなく、基本のソースとその応用というソースの体系化・コード化が生じ合理的になってきた。このような料理の構造的発展は、料理をただ食べるだけのものにせず、楽しく美味しく食べるという美食(ガストロノミー)の世界を生み出した。

また、料理のテーブルセッティングにあるように、何を食べるかと同時にどのように配置するか、ということも快楽の一つとして追求され、全員がみな同じものを食べるのではなく、限られたものを食べることによって、食の多様性が会食者に認識され、かつ、社会構造も同時に認識されるものとなっている。このような食卓は、宮廷建築である城館と庭園の建築と同時に発展していたことから、フランスにおいて、フランス料理は、フランス宮廷の、そこに住む人々の世界の縮図となっていることがわかる。フランス料理の発展は、洗練・シンメトリー・演出性と切り離せない。食卓は見せるものである。

フランスでは、料理に対する飽くなき関心が美食を生むのであり、美食は単に空腹を満たすものでもなく、商談に役立つものでもない。フランス料理は構造化されること、多様化されることで、社会生活に文化として根付くことができたと考えられる。

註

★1 Brillat-Savarin, J.-A., *Physiologie du goût*, G. de Gonet, Paris, 1848, pp.256-257, Source gallica.bnf.fr / BnF, 二〇二四年一一月二三日 閲覧（日本語訳の一例として、ブリアーサヴァラン『美味礼讃』上下巻、関根秀雄・戸部松実訳、岩波文庫、一九九四-九五）ブリヤ＝サヴァランは名著『味覚の生理学』（原題訳）で知られ、冒頭の「動物は貪り、人間は食べ、教養人だけが食べる術を知っている」などのアフォリズム（格言）は有名である。法律、政治、医学、化学、音楽などを総合的に学んだブリヤ＝サヴァランはこの著書で美食を人間の哲学として位置づけている。

★2 Lévi-Strauss, C., « Le triangle culinaire » dans l'ALC n.26., 1967, p.20.

★3 西江雅之『「食」の課外授業』平凡社新書、二〇〇五、三七-三八頁

★4 ヴィトー、ジャン『ガストロノミ　美食のための知識と知恵』佐原秋生訳、白水社、二〇〇八、一一頁

★5 Lévi-Strauss, op.cit., p.21.

★6 河智義弘「香辛料の有用性」『生活衛生』大阪生活衛生協会、三八巻二号、一九九四、五〇頁

★7 同上、五三頁

★8 朝岡久美子「スパイス・ハーブの魅力とブレンド術」『日本調理科学会誌』日本調理科学会、四七巻一号、二〇一四、五四頁

★9 タナヒル、レイ『美食のギャラリー　絵画で綴る食の文化史』栗山節子訳、八坂書房、二〇〇八、四一頁

★10 ギュイヨ、リュシアン『香辛料の世界史』池崎一郎他訳、白水社、一九八七、一九頁

★11 プーラン、ジャン＝ピエール&ネランク、エドモン『プロのためのフランス料理の歴史　時代を変えたスーパーシェフと食通の系譜』山内秀文訳、学研プラス、二〇〇八、一五頁

★12 Tirel, Guillaume dit Taillevent, *Le Viandier*, Édition du XVe siècle, chez Techener, 1892, p.71. Source gallica.bnf.fr / BnF, 二〇二四年三月二四日 閲覧

★13 Ibid., p.73.

★14 Ibid., p.54.

★15 Ibid., p.99.

★16 Rambourg, P., *Histoire de la cuisine et de la gastronomie françaises Du Moyen Âge au XXe siècle*, Éditions Perrin, 2010, p.327.

★17 Laurioux, B., « Cuisines médiévales (XIVe et XVe siècles) », *Histoire de l'alimentation*, sous la direction de Flandrin, J.-L. & Montanari, M., Fayard, 1996, p.466.

★18 ウィラン、アンヌ『西洋料理の巨匠とその料理　タイユヴァンからエスコフィエまで』辻静雄監修、坂東三郎訳、鎌倉書房、一九八一、一〇頁

★19 Alexandre-Bidon, D. & Mane, P., « À table au Moyen Âge », Exposition présentée à la Tour Jean sans Peur, 2015, p.38.

★20 Ibid., p.26.

★21 Rambourg, P., op.cit., p.364.

★22 ジェリネ、パトリス『美食の歴史２０００年』北村陽子訳、原書房、二〇一一、三五頁

★23 Quellier, F., « L'alimentation des élites françaises et la naissance d'une nouvelle cuisine », *La table des Français*, Presses universitaires François-Rabelais, 2013, https://doi.org/10.4000/books.pufr.22852.

★24 Alexandre-Bidon, D., « La cuisine au Moyen Âge », Exposition présentée à la Tour Jean sans Peur, 2009, p.27.

★25 La Varenne, F.-P. de, *Le cuisinier français, Enseignant la manière*..., chez Pierre David, 1651, pp.4-5. Source gallica.bnf.fr / BnF, 二〇二四年三月二四日閲覧

★26 Ibid., pp.177-178.

★27 Ibid., p.55.

★28 Ibid., pp.263-264.

★29 Ibid., pp.84-85.

★30 ローダン、レイチェル『料理と帝国　食文化の世界史　紀元前2万年から現代まで』ラッセル秀子訳、みすず書房、二〇一六、二三三頁

★31 Massialot, F., *Le cuisinier roïal et bourgeois*, C. de Sergy, le troisième édition, 1698, pp.2-3. Source gallica.bnf.fr / BnF, 二〇二四年三月二四日閲覧

★32 Rambourg, P., op.cit., p.34.

★33 Ibid., p.365.

★34 Laurioux, B., op.cit., p.468.

★35 Flandrin, J-L., « L'alimentation paysanne en économie de subsistance », *Histoire de l'alimentation*, op.cit., p.615.

★36 Ibid., p.669.

★37 Ibid., p.670.

★38 北山晴一『世界の食文化16―フランス』農文協、二〇〇八、二九一頁

★39 同上、二九一―二九二頁

★40 Rambourg, P., op.cit., p.230.
★41 Ibid., p.232.
★42 Ibid., p.232.
★43 Ibid., p.233.
★44 Ibid., p.263.
★45 Escoffier, A., *Le Guide culinaire aide-mémoire de cuisine pratique*, 1903, p.132. Source gallica.bnf.fr / BnF, 二〇二四年四月六日閲覧
★46 プーラン&ネランク、前掲書、四七頁
★47 Garnier-Pelle, N., *Vatel Les fastes de la table sous Louis XIV*, collection Château de Chantilly, In Fine éditions d'art, 2021, p.60.
★48 プーラン&ネランク、前掲書、五四頁
★49 アロン、ジャン＝ポール『食べるフランス史 19世紀の貴族と庶民の食卓』佐藤悦子訳、人文書院、一九八五、三三六頁
★50 Garnier-Pelle, N., op.cit., p.26.
★51 Ibid., p.32.
★52 Michel, D., *Vatel et la naissance de la gastronomie*, Recettes du Grand Siècle adaptées par Patrick Rambourg, Fayard, 1999, p.121.

2

アントルメとパティスリー

Entremets et pâtisseries

フランス料理は、二〇一〇年に、ユネスコの無形文化遺産に登録された。審査委員会の記述では、「フランスガストロノミーは、個人の、そして集団の人生の最も大切な時間を祝う目的をもつ慣習的な社会行為」にその登録理由があるという。なぜなら、料理を超えて、フランスの食卓を構成するのは、それをとり囲む人々の社会的行為、つまり会食性、味覚の快楽、共有、ワインとの繋がり、テロワールとの繋がりなどだからである。ここでは、フランス料理を食べることは個人的行為ではなく、社会における集団的行為であることが強く示されている。

確かにフレンチレストランには、一人では行きづらい。また、コースを頼むとき、一人ではおもしろくない。長時間、テーブルに座っているのに、人と話さないとやりきれない空気がある。またコースが、一体、最初は何から始まり最後は何で終わるのかが気になるところである。一般的な話をすると日本では、コースになる場合、アミューズ、オードヴル、スープ、魚、肉、チーズ、デザート、コーヒーといった順であろうか。フランスでは、どうだろうか。これも一般的には、スープ、オードヴル、アントレ、魚、肉、野菜、チーズ、デザート、コーヒーという順番であろう。あまり変わらない。したがって、宴会などの特別なとき以外、たとえばレストランでは、フランスでも日本でも、最近は、アントレ／メイン／デザートと、三つにするか、あるいは、最初の二つか（アントレ／メイン）最後の二つか（メイン／デザート）の選択となる。簡素化されて非常によい。もちろん、ア・ラ・カルト（単品注文）にしてアントレだけでも、メインだけでも、デザートだけでも注文可能である。

このような皿の順番は、フランス中世のころから存在した。大雑把にいうと、第1セルヴィスはアントレ、第2セルヴィスはメイン、第3セルヴィスはデザートである。もちろんセルヴィスが増えてもかまわない。最後のデザートでは何を食べていたのだろうか。メインの焼肉が終わると、現代では甘い菓子、フルーツ、アイスクリームといった甘味が最後であるが、一七世紀、一八世紀では、もっとたくさんのデザートがあった。このフランス料理のデザート部門の歴史的進化はどのようになされたのか、探っていこう。

時間軸としては、中世から一九世紀にかけてまでを対象とする。まず、最初はアントルメについて、次にパティスリーについて、最後にピエスモンテについて検討していく。

1 蜂蜜から砂糖へ

エジプト、ギリシア・ローマ時代には、砂糖を製造する技術はまだなく、蜂蜜を大事な甘味食料源としていた。ウェルギリウス（紀元前七〇–一九）は『農耕詩』*Géorgiques*の中で、「第一部 耕作」、「第二部 果樹」、「第三部 牧畜」、「第四部 養蜂」の讃歌を歌いあげる。この第四部の「養蜂」には、洪水、飢饉に見舞われたエジプトで、農牧神のアリスタイオスが、母キレネに言われて祭壇を作り、四頭の雄牛と四頭の雌牛の喉を切ると、九日目に雄牛の内蔵から蜜蜂が生まれた、という話が書かれている。[★1] このように蜜は、天界の贈り物（天から露になって降ってくるもの）[★2]として『農耕詩』に描かれている。しかし、人口も増加し、大量の甘味料を蜂蜜だけに頼るには限界があった。

川北稔によると、「砂糖はコーランとともに」西へ伝えられたという。インドネシアあるいはインドが原産といわれるサトウキビから砂糖を精製する技術は、イスラーム教徒によって地中海のキプロスやロードス島から、そしてスペイン沖のマデイラ、カナリア諸島、西アフリカのギニアなどに伝わり、さらにヨーロッパ人たちによって大規模生産のためにアフリカ人奴隷とともにアメリカ大陸へと拠点が移った。こうして精製術によって供給が安定した砂糖は、収穫が安定しない蜂蜜にかわって主流を占めていった。もともと「イスラムの医学では、砂糖はもっともよく使われる薬のひとつ」であり、「砂糖が本格的に使われはじめた一六、一七世紀には、砂糖には、結核の治療など一〇種類以上の効能が期待」[★3]されていたといわれる。

この砂糖は「貴重で贅沢な調味料」としても使われた。「料理に砂糖を入れるのは洗練のしるしで、エジプトのカリフがシャルル7世［在位1422-61］に大量の砂糖を送ったように、砂糖を贈ることは力の証だった。」[★4]このように、蜂蜜から砂糖への移行は、自然に頼らない人間の技術力によって大量生産化が進み、それは権力と結びついてこそ可能であった。

「中世で、砂糖が普及すると、貴重な調味料として、料理に入れられることになる。中世の料理書では、砂糖が肉や魚料理に使われているのがわかる。ジャン＝ルイ・フランドランによると、シカール Chiquart 料理長のレシピ（一四二〇）では四四％、『食物譜』（タイユヴァン、一四八六）では一八％の料理に砂糖が入っている」[★5]ということは、第一章ですでに述べた。しかし、ルネサンスの時代、砂糖が広範に普及すると、今度は砂糖批判がおきた。「フランス料理は次第に、食材の自然な風味を評価していくが、砂糖は「ほとんどすべての料理を台無しにする」とフランソワ1世の典医、ジャン・ブリュイラン＝シャンピエ（Jean Bruyerin-Champier）は、『食物について』（一五六〇）の中で説明する。[★6]」

このあと、一七世紀中ごろから砂糖は、第1セルヴィス、第2セルヴィスなどの料理の中から次第に追放され、デザートのみに使用されていくのであるが、ここで、メとアントルメの違いについて説明しておきたい。

2 メとアントルメ

アントニー・ローリーによると、

宴のクライマックスはあいかわらず、白鳥か孔雀のローストで、必ず、タイユヴァンの勧めどおりくちばしと脚を金銀に塗り大皿に立てて供された。16世紀末まで独創的な書物は出なかったのだ。逆に演出技術は洗練の極に達した。香辛料をきかせ、コリント産の乾葡萄で風味をつけた豚（または羊）と鶏の挽肉のパイ、トゥルト・パルメリエンヌは銃眼のある城をかたどり、塔は鶏の腿肉製、会食者の紋章や金の旗印で一面に飾りたててあった。[★7]

タイユヴァンが考案した、白鳥や孔雀のロースト肉のくちばしや脚に金銀の色を塗り、大皿に盛る料理がある。これらはおそらく目立つところに置かれただろう（図1）。一方、後半に書かれている鶏と挽肉のパイ、トゥルト・パルメリエンヌは、「銃眼のある城」をかたどったり、「塔」を作ったり、「紋章や金の旗印」で飾り立てる料理であると説明されている。これらは、アントルメ entremets と呼ばれている。バーバラ・ウィートンは、中世の食卓を説明しながら、次のように書いている。

客は料理を食べながら、コースの間に催される余興を楽しんだ。コースは「メ」（mets）（…）とよばれ、余興は「アントルメ」（…）とよばれた。（…）例えば婚礼に際したアントルメには、出産する女性が描写された。アントルメは大きく分けて二種類ある。一つはペーストリーやバター、または木やキャンバスなど、様々な素材を使って作った置物であり、もう一つはより凝ったもので、「アントルメ・ムーヴァン」（動くアントルメ）とよばれ、これにはからくり人形や実際の人間が加わっていた。これらは機械仕掛けや手作業の演出による、歌や芝居が入り混じったものであり、寓意を含む空想的作品であったり、時には政治的なメッセージを示唆するものであった。★8

四回のセルヴィスがある場合、第1セルヴィス、第2セルヴィス、第3セルヴィスには、スープ、アントレ、焼肉とさまざまな料理メ mets、が交替して出てくる。これらの料理の「間」

に、文字通りアントル・メ（間の料理）といわれるものがでてくる。それは、テーブルでの食事を盛り上げる役目をする。動かない置物のアントルメ「アントルメ・デコラティフ」（entremets décoratifs）とからくり人形や歌や芝居が繰り広げられたりする「アントルメ・ムーヴァン」（entremets mouvants、動くアントルメ）の二種類があり、いずれも会食者の味覚より、視覚に訴えた目を楽しませるものであった。

ある程度食事が進むと、食べることに飽きてくる。そこで、このような見世物（スペクタクル）を出すと、会食者は喜び、時間が経つのでまた次の料理を食べられるのである。高平鳴海は、もっと古くにあったアントルメは、メの間に出す軽い箸休めであったと説明する。

14世紀には「**アントルメ**」という特別な料理が供されるようになった。初期のころのアン

図1　ヤン・ブリューゲル（父）、ペーテル・パウル・ルーベンス《味覚》1618（64×108）、プラド美術館。これは寓意画で、テーブルの右端に白鳥、その左に孔雀のロースト肉が見える

トルメは上座にいる者だけに出される追加料理を意味し、肉料理の合間の箸休《はしやす》めの軽いメニューのことだった。それらは色や香りを付けた小麦や豆の粥《かゆ》で、後にゆでた臓物や煮こごりも出された。(…)中世のアントルメは、それほど時を経ずして、客を喜ばせる余興《よきょう》・見世物・演《だ》し物《もの》・縁起物に変わる。イノシシの頭とか孔雀やツルの丸焼き料理で、金箔や紅や白の飾りが付けられることもあった。これらは食べられないどころか、腹を壊すような代物だった。置かれる場所も貴賓席《きひんせき》でなく、少し離れた目立つ場所になった。孔雀料理などは終わったらよそへ売られ、使い回しされることもあったという。そのうちに、ほとんど食べられないアントルメも登場した。★9

フィリップ・ジレは、サヴォワ公アメデ8世(一三八三―一四五一)の料理長シカールのアントルメを次のように紹介している。長いので一部割愛する。

究極のアントルメとは、すなわち城のことである。まず基礎になるものとして四人で担げるような大きくて立派な輿を作らねばならない。そしてその輿の各隅に四本の塔を取り付けねばならず、それぞれの塔には充分に城壁を巡らせ、敵に矢を放つための突廊を備える。また各塔には城塞を防備するために、弩の射手や弓矢で武装した歩兵、さらに照明用に大蠟燭か蠟の松明を設備する。(…)塔の一本には大紋章で装飾され、火を吐き出す黄金色に焼いた猪の頭部が鎮座する。もう一方の塔には淡水魚の大カワカマス。そしてこの魚は三通りの方法で熱処理されるであろう。(…)もう一方の塔の足下には皮をはぎ、火を通してから再びその羽で身を覆った白鳥が火を吐き出している。四本の塔の真ん中にある中庭には愛の泉があり、そこには大砲をくぐってバラ水と澄んだワインが湧き出していなければならない。(…)さてそれについて私こと、シカールは(…)主君や主人の名誉のために前述の孔雀を作る技法の何たるかを、それを実現する先の料理長に伝授したいと思う。すなわち大きくて太ったガチョウを用意し(…)あたかも生きているかのように首を上に高く持ち上げる。そうするためには料理長は、孔雀の皮を多少なりともはがしてはならず、翼端部を取り除いてガチョウを飾り、羽がすべていっしょについている孔雀の尾羽の付け根の皮をはぐ。ガチョウを置く時は上手に焼串を使って、生きている孔雀がそうであるのと同じくらい念入りにガチョウの尾羽を拡げる。

中庭にある**銃眼**には、皮をはぎ火を通してからその羽で再び飾った若鶏や黄金色に焼いたハリネズミ(…)を置く。他にも肉で作り、こんがり焼いた丸型のもの、黄金色に焼いた肉で作ったスペインの壷、さらに鋳型に入れて作ったものは以下のとおり。すなわち、野兎、猟犬、アカ鹿、猪、角を持った狩猟隊、ヤマウズラ、ザリガニ、イルカ、エンドウ豆、ソラ豆(?)。すべて挽肉を鋳型に入れて作る。周囲を囲む白の幕壁——布か板で作られていたに違いない城壁のこと——は、立派で床まで垂れ下がっているので、先の城を担ぐ者の姿を隠して見えなくしている。そして幕壁に床から二ピエ(約六五センチ)の高さまで波や大きく打ち寄せる満ち潮を描く。ありとあらゆる魚が波の中に描かれ、愛の城塞と城を攻撃しに来たように、あらゆる種類の兵を満載したガレー船や船を描くこと。（…）城壁の**中には**三弦楽器の他にリュートやプサルテリウム、ハープを弾く三、四人の子供がいる。さらにさながら海の中で歌っているかと思われるように、彼らは美しい声で心地良く妙なる典雅な響きの歌を唄っている。[★10]

このアントルメは、客を楽しませるための、大掛かりな演出であることがわかる。アントルメ・デコラティフ（置物）とアントルメ・ムーヴァン（舞台演出）の両方が見られる。さらに上記の文には、城の塔が「紋章で装飾され」ていることや、「主君や主人の名誉のために」、料理長がこれらの料理を後輩に伝授するということが記されている。それはこれらのメニューに、客を喜ばせるだけではなく、政治的意味があったということである。

ブリュノ・ロリユーは当時、権力をもっていたブルゴーニュ公の宴会について、特別な宴会では会計簿がメニューとして残っているという。「ブルゴーニュ公の宮廷で行われた豪華な宴会は、料理というより人工的建築物や演劇的上演であったアントルメにアクセントが置かれていたとはいえ、その最も良い例であった。」[★11]このように、アントルメは、視覚的な驚きを与えながら宴会を盛り上げる効果があり、宴会もまた、それを催した領主の権力を示すものであった。さらに、ダニエル・ケリュエルは、「どこの宮廷よりもブルゴーニュ公の宮廷における宴会以降、アントルメは料理と完全に切り離されたスペクタクルになり、一六世紀に流行する幕間を予告するのである。（…）一旦、エステ、マントバ、フェラーラの各宮廷での宴会に引き継がれ——ブルゴーニュ公のアントルメは、劇の幕間 intermède の本当の先駆者であり、中世末期において舞台形式の進化の中で確かな役割を担うのである」[★12]と述べている。食文化が文学に与えた影響の大きさを物語るものの一つであろう。

また、ブルゴーニュ公国最後の王シャルル勇胆公（一四三三–一四七七）と、マルグリット・オブ・ヨークとの結婚式の日、以下のようなアントルメが披露された。「一四六八年、シャルル勇胆王 Charles le Téméraire の結婚式には、二人の巨人が一匹の巨大なクジラの護衛をしている。クジラの眼は鏡でできており、松明の光を反映し、喉から二人のセイレーンと一二人の騎士がダンスをしながら出てきて、またクジラのおなかに戻っていった。クジラを動かす人の人数を数えると、中には四〇人以上の人が入っていた。」[★13]

もう一つ、少し古いシャルル5世（一三三八–一三八〇）の宮廷でのアントルメを紹介する。「常に西洋は東洋を征服することを夢見ている。一三七八年、シャルル5世は供宴で、第一回十字軍遠征時のイェルサレム奪回を、船と町の城壁の模型を制作して演出させた。」[★14]（図2）第

図2 「演劇のアントルメ：イェルサレム奪回。右に城壁、左側の船の中に隠者ペテロがいる。シャルル5世の偉大な年代記より」（説明は*À table au Moyen Âge*, p.34、図版はSource gallica.bnf.fr/BnFより）

一回十字軍遠征は一〇九九年で、このときイェルサレムが奪回され、唯一目的を達成した十字軍であったが、一二九一年にマムルーク朝によってアッコが陥落され、実際の敗北まで約二百年にわたって十字軍運動は続いた。その百年後のシャルル5世の宮廷でも、アントルメの対象となるほど、第一回十字軍は、伝説となっていたのだ。

それにしてもシカール料理長のアントルメ、ブルゴーニュ公のアントルメは、巨大な演出があり、食卓は静かな場というより、騒々しい場であったに違いない。しかし、フランス人のアントルメによる食事を楽しむ努力は、さまざまな方向に発展していくことも理解できよう。置物としてのアントルメ・デコラティフは、食卓でさまざまな料理の盛り付けを変化させ、デザートの部門を独立させ、ピエスモンテ（飴細工）を発展させる。動くアントルメ・ムーヴァンは、現代では、歌や踊り、ディナーショーなどに発展している。そう考えると、食文化の歴史の中で、なぜ美しい飴細工やディナーショーが出現したのか、実はそれらの起源が中世にあったことが指摘できるのである。

3 ファルスfarce（ファルシfarci）とファルスfarce

アントルメは、メとメの間に登場する会食者を驚かせる料理あるいは舞台・ショーであると述べたが、その驚きあるいは目の楽しみは、どのように生まれたのか検討していく。

ジビエは、貴族の食べ物とされていた。「旧体制下の貴族には、主な仕事が二つある。戦争と狩猟である。狩猟のほうは、そのうえ農民や農奴には禁じられていた。貴族が狩りの獲物に目がないのは、それが、貴族としての彼の地位にふさわしい食べ物であると考えられたからであった。野生の動物は貴族と同様、生まれながらに自由である。」[★15] このジビエは羽をむしり、内臓と骨を取り除くと、その中に他の肉や野菜を詰めることができる。これを詰め物farceと呼ぶ。詰め物をされた（farci）肉や野菜が中世の料理にもそれ以降の食卓にも頻繁に現れる。詰め物は、外側と内側の味を、つまり一つで二度、料理を楽しめるのである。

また、ファルスfarceというのは中世の笑劇を指す。精選版日本国語大辞典によると、「（名）（farce原義は「料理の詰め物」の意）フランス中世の短くたわいのない喜劇。中世の宗教劇の幕間に演じられた滑稽な寸劇が独立したもの。また、一般的に、卑俗な笑いを含んだ短い喜劇をいう。笑劇」とある。この笑劇という言葉は、詰め物という料理名から発祥していて、一五世紀末ごろから一六世紀初めにかけて流行し、そのころ演じられていた宗教劇（聖史劇あるいは教訓劇ともいう）の幕間intermèdeの出し物を指していた。

このファルス（笑劇）farceと聖史劇mystèreの関係がよくわかり、ユーモアをもって書かれているのが、ヴィクトル・ユゴー（一八〇二–一八八五）の『ノートルダム・ド・パリ』*Notre-Dame de Paris*（一八三一）である。小説の舞台は中世末期一四八二年に設定されている。聖堂の鐘つき男カジモドとジプシー女のエスメラルダを中心的登場人物とする小説である。物語の冒頭に、小説の登場人物がすべて出てくる仕掛けになっている。それは一月六日の公現祭の日、舞台はシテ島の裁判所前からノートルダム大聖堂前の広場で、民衆が大勢集まっている。ルイ11世の子フランス王太子とフランドルのマルグリット姫の婚礼契約を行う日で、フランドル使節団の一行をブルボン枢機卿が出迎え、「教訓劇、茶番、笑劇（farce）などを大いに催して」[★16]彼らを歓待する日であった。また、この日は、公現祭と同時に民衆の間で行われている愚者祭（愚者の王を決める祭）の日でもあった。

このような状況の中、予定どおり、劇作家グランゴワールの宗教劇が行われようとしていたが、枢機卿もフランドル使節団もまだ到着していないので、民衆も待ちわびていた。民衆にせかされたグランゴワールは、しかたなく聖史劇を始めた。騒々しかった観客は静まった。すると、一人の物乞いが、お金をもらおうとして客席を巡っていたが、誰にも振り向かれないので、フランドル使節団が座る予定の席に座り、憐れみを乞うジェスチャーをし始めた。それを見た一人の少年の声に反応して観客が全員、物乞いの方に振り向いて笑い始めた。こうして聖史劇は中断される。

再び、劇が再開されるが、今度は、ブルボン枢機卿が入ってきて観客の注目を聖史劇からそらせてしまう。劇は、続いているのだが、今度はフランドル使節団の一行が入場してきた。再度、観客の注意は、使節団に引き付けられた。「フランドルの使節団の次に新しい人物たちがやってきて、その名前、肩書が取次役の断続的な案内によって劇の会話の間に発せられ、莫大な被害を与えていた。」[★17]それでも宗教劇は進行していた。今度は、広場で愚者祭が始められる。最も多くの人を笑わせた人が王になるというもので、一人ずつ舞台に上がって妙な顔をし、民衆を笑わせる笑劇（ファルス）が行われ、満場一致で鐘つき男のカジモドが愚者王に選ばれる。グラングワールの教訓劇は、それでも続いていたが、今度は、大聖堂前の広場で、美しいジプシーのエスメラルダが踊り始めた。これで、グラングワールの聖史劇は決定的な打撃をうける。

このように、まじめな宗教劇の合間に民衆の笑いを誘う出来事が次々に起こり、劇の主催者グラングワールもどうしようもない。「民衆たちは、俳優たちが再び劇を始めたのを見て、聞き始めたが、こんなふうに劇の二つの部分の間が突然切れてしまい、それをつなぐような形になったが、美しさをそれほど失うこともなく」[18]とグラングワールはつぶやくのである。「こんなふうに劇の二つの部分の間が突然切れてしまい、それをつなぐような形になった」というのが、l'espèce de soudure qui se fit entre les deux parties de la pièce ainsi brusquement coupée. であり、直訳すると、「こんなふうに突然切れてしまった劇の二つのパート（譜）の間を取り持つつなぎのようなもの」と訳せる。pièceは、劇という意味と料理一品という意味がある。partieは全体の中の部分という意味がある。soudureは「つなぎ」「溶接」「接合部分」というユゴーによって選び抜かれた単語が使われている。これらの単語によって、小説を読む人は、明らかに詰め物farceを思いだすに違いない。実際、聖史劇に割り込むのは、別に準備されていた笑劇ではなく、現実に起こる突発的で避けることができない事件である。つまりユゴーは当時誕生したての笑劇farceの起源を非常にうまく描いているのである。

こうして中世の笑劇farceは、聖史劇の幕間に演じられ、観客の気晴らしをしたのである。やがて喜劇comédieが笑劇とともに発展していくが、笑劇の起源が料理の詰め物farceにあったことは記憶にとどめておきたい。

シカール料理長のアントルメの記述で見たように、詰め物の中には何が入っているかわからず、会食者を楽しませる料理である。アントルメ・ムーヴァンは、焼いたジビエに羽尾をつけてまるで本当に生きているかのように見せたり、白鳥が火を噴きだしたり、機械仕掛けの人形あり、ワインの泉あり、まるで海の中で少年たちが、楽器を演奏し、歌を歌いだしたりするのは、いかにも趣味が悪く、気分が悪くなった会食者がいたことも十分理解できる。このアントルメ・ムーヴァンはやがて人気が無くなるが、詰め物料理は残った。

ラ・ヴァレンヌの料理書『フランスの料理人』には「骨抜きヤマウズラの詰め物ポタージュ」などポタージュのレシピにも、「舌平目の詰め物」や「インド産鶏　フランボワーズ入り詰め物」や「オムレツの詰め物」などアントレのレシピにも、また「ガチョウの詰め物」など焼き肉のレシピにも、「リソール（肉・魚のみじん切りをパイ皮で包んで揚げたもの）」などアントルメのレシピにも、「詰め物」はたくさん紹介されており、人気の料理であった。

4　パティスリーとは何か

アントルメのそもそもの役割は、ポタージュ、オードヴル、アントレ、焼肉という流れで出てくる料理を一旦切って口直しをすることである。したがって、肉ではないもの、例えばフォワグラや卵料理、あるいは通常の肉の味ではない肉が出てくるはずである。そういう意味では「詰め物」は、肉の中から別の肉や野菜や果物が飛び出てくるのであるから味が変わる。

ただ、このアントルメという単語は、現代では、どの辞書を見ても、第一義には、デザートとある。デザートといえば、フルーツやアイスクリームのほか、菓子・ケーキが考えられる。では、パティスリーとデザートはどう違うのか。

ランブールの報告によると、一六世紀後半、フランス人の日常の食事で重要な役割をしていた「惣菜屋」**prêt-à-manger**について、ヴェネツィアの大使、ジェローム・リポマーノ**Jérôme Lippomano**が、次のように語る。

> フランスではパティスリー、すなわち小麦粉を使って焼いた肉料理が嗜好されている。町でも田舎でも焼肉屋とパティシエはあらゆる種類のすぐ食べられる料理、少なくともあとは焼くだけという料理を作っている。（…）焼肉屋は肉を作り、パティシエはパテ、パイ、アントレ、デザートを作り、料理屋（キュイジニエ）はジュレ、ソース、ラグー（煮込み）を作る。[★19]

商工業者による同業者組合、ギルドは、ヨーロッパで発展した。このギルド制は、職の自由競争を排除するもので身分制・階級制による閉鎖的なものであったが、一八世紀以降、自由競争を主とする経済への移行によって衰退していく。この同業者組合によって、肉屋は肉を、パティシエはパティスリーを、料理屋はいわゆるソースを作る職業に分業されていた。パティスリーは小麦粉を使った料理であれば、すべて作ることができた。したがってパティシエはパイ、パテ、包み焼きなど砂糖が入っていないものと、菓子、ケーキなど砂糖が入っているものの両方を作った。ちなみに肉屋boucherie（ブーシュリー）というのは、ジビエ、牛肉などを売り、ハムやソーセージなど豚の加工品を売る店charcuterie（シャルキュトリー）とは異なる。現代ではその区別はやや曖昧になり販売されているが、両者の看板は今でも存在する。

ラ・ヴァレンヌの『フランスの料理人』には、「カモのパテ」「サーモンのパテ」「卵とグリュイエールチーズのトゥルト（パイ）」などの甘くないパテやパイ、「アップルトゥルト」「甘い去勢鶏の胸肉トゥルト」「チーズパイ」「アーモンドケーキ」「フラミッシュ（ネギトゥルト）」など甘いパテやパイのレシピが書かれている。洋ナシトゥルト（洋ナシパイ）のレシピを見てみよう。

洋ナシの皮をむく。それを薄く切る。それを水と砂糖と一緒に煮る。よく煮たら、フレッシュバター少々を入れすべてをかき混ぜる。それを薄いパイ皮に入れる、お望みなら包んでもよい。そしてそれを焼く。焼けたら、花の香り水と砂糖を振りかける。それを出す。[★20]

このレシピは、ほとんど現代の洋ナシパイと同じ作り方といってよい。しかし、最初に洋ナシと砂糖でジャムを作り、それをパイ皮に包むようになっており、出来上がって最後に砂糖を振りかけている。当時、一般的に甘いパイには仕上げに砂糖を振りかける。洋ナシの甘酸っぱさもあり相当甘いパイができるように思える。砂糖、アーモンドは、コショウ、ジンジャー、シナモン、サフランなどとともに香辛料として使われていたのである。フランスの中世のタイユヴァンによる「ドイツ風白スープ」のレシピなどにも砂糖、アーモンドが出てくる。[★21] フランドランは、一七、一八世紀、スパイスは中世のときと同じくらい使用されており、「一方で、ニオイヒバの種、コウリョウキョウ、メース、スピクナール、カルダモン、アニス、クミン、ジンジャー、サフランなどは、その数が減少し、めったにしか料理に使われなくなるが、他方で、シナモンは甘い料理と、ジンジャーはハムなどと組み合わされることが多くなる」[★22] と指摘している。

フィリップとマリー・ハイマンは、ラ・ヴァレンヌの『フランスの料理人』（一六五二年版）から、すでに「料理のレシピのあとに続いてジャムの作り方が載っている」[★23] ことは、画期的なことであると述べている。つまりジャムなどの本は別冊であった。一六九一年のマシアロのレシピ本には確かに書かれていない（本書三〇頁参照）。一六五三年にジャン・ガイヤールは『フランスのパティシエ』という本を出版し、その序文には、これまで、誰一人、このパティスリーという芸術（アート）に関わるいかなる教えも書かず、宮廷やパリでの秘密事項であった、と記されてあるという。また、この時代のパティスリーは、甘いものと甘くないものがあり、一六九〇年のフュルティエールの大辞典*Dictionnaire universel*ではパティスリーは、「肉、バター、砂糖、フルーツのパイ包みで調理した、パテ、トゥルト、タルト、ビスケット、ブリオッシュなど、小麦粉を使ったもの」という定義であったという。[★24]

パティスリーが砂糖を入れていない（塩辛いsalé）料理と砂糖を入れた（甘いsucré）料理に分化すると、それぞれにおいて発展していった。現在でも、図3のように、キッシュは、パティスリーやブーランジュリー（パン屋）で売られている塩辛いsaléパイの一つであり、数等分に切って持ち歩けるので、食事以外に、ブランチでもおやつでも手軽に食されている。

図4は、パティスリーのショーウィンドウに並んでいるさまざまな甘い菓子gâteaux sucrésであるが、フランボワーズパイやドーナツ型のパイの上に砂糖が振りかけられている。ラ・ヴァレンヌの洋ナシパイのレシピと比べてもそれほど違和感はない。

フィリップとマリー・ハイマンによると、一七世紀中ごろから一八世紀末ごろまでに、パティスリー部門は、一般の料理書に書き込まれるようになり（図5）、それらの料理書には挿絵が

右｜図3　キッシュ（アルザス=ロレーヌ地方発祥の、卵、ベーコン、ホウレンソウなどを混ぜたパイ）（筆者撮影、2024年）
左｜図4　砂糖が振りかけられている、パリのパティスリーのショーウィンドウに並ぶパイ（筆者撮影、2022年）

あり、読者に飾りつけのしかたを示す役割をもっていたという。
パティスリーはさらに細分化され、一般料理書にも登場したが、それとは別にジャムの本などは英語の「食料貯蔵室」を語源とした「オフィス本」livres d'office（冷製菓子の本）と呼ばれ、これらの本の出版も増加していく。オフィス（ジャム）本にはまた、料理書とは独立して、精製水、清涼飲料水、氷や、香りをつけた水、石鹼、ポマードなど衛生製品も記述されていた。[★25]
そこで思い出すのは、かのノストラダムス（一五〇三―一五六六）の『化粧品とジャム論』（*Traité des fardemens et confitures*、一五五五）やいわゆる現代のカレンダーの起源である『一五五七年の驚嘆すべき予兆』（*Les Présages Merveilleux pour l'an 1577*、一五五七）といった本が中世の大都市リヨンで出版され流行したことである。プロヴァンス州サロン・ド・クローに住むミシェル・ノストラダムスは、医者であり薬剤師であった。彼は、身体を健康に保つように、自然に生息するさまざまな香りの調合物を作って処方していた。彼は医者であったことから、病気の兆候を読む術、自然を読む術を知っていた。それは、毎年繰り返される季節を知ることでもあり、未来を読むことでもあった。彼のカレンダーは予言集でもあった。ノストラダムスは解熱剤の作り方について、砂糖に水を入れて砂糖水を作り、卵白を加えては何回も煮詰め、「沸騰して砂糖の不純物が底から浮き上がってきたら、さらに泡立てた卵白を加える。卵白が砂糖を濾過して黒ずんできたら、表面に浮んでいる卵白を取り除く。こうして砂糖の不純物がなくなるまで、卵白を加えては捨てることを繰り返す。[★26]」こうして解熱剤が得られると書いている。
「砂糖は薬効を保ったまま、食物になった。（…）ノストラダムスは、芳香料と砂糖漬の製法を並記し、デザートを芸術作品に高め、健康と美容に資するものにした。」[★27] ランブールは、砂糖の本を出版したノストラダムスと同じようにジャムの本を出版したジュアン・ド・ロンジの『ジャム、コンポート（シロップ煮）、セージ風味ワイン、ミュスカデ（白ワイン）、その他の飲料（…）石鹸、粉末ナツメグ、辛子、その他の美味しいもののレシピ本』（一五四五）を挙げている。

これらは、「オフィス本」に先駆けて出版されており、フランスで砂糖の専門化が早くから進んでいたことを証明している。[★28] 砂糖は、このように、初めはスパイスとして使用されながら、徐々に薬としての効用を発揮し、料理書の中で薬用への言及が増え、専門化されたジャムなどの本でもその効用は書かれた。一方、砂糖を使った砂糖菓子は流行し、フランス料理コースのデザート部門で甘味専門の品ができてくる。「デザートセルヴィスはますますスペクタクル化されたプレゼンテーションの方向へ向かい――ジャムと砂糖菓子のレシピは料理書よりもはるかに豊かなイラスト入りとなっていく。」[★29]（図5）

図5　マシアロ『ジャム、リキュール、フルーツのための新ガイド』1715、p.462　Source gallica.bnf.fr/BnF

5 ピエスモンテ pièce montée

フランスのパティシエの歴史は、アントナン・カレーム（一七八四－一八三三）を抜きにして語れない。偉大な料理人カレームが名前を残すのは、ピエスモンテと呼ばれる「組み立て装飾菓子」の発明者としてでもあろう。図6は、「ロシアの隠者の庵」という名称のピエスモンテで、その作り方は、

> 岩はオレンジ色で作り、庵は薄い緑色、そして屋根は藁ぶきとする。鐘、十字架、円球そして時計盤は、黄色にする。同様に十字形のステンドグラスも黄色。ヤシの木の枝、岩を飾るコケは春らしい緑色にする。[★30]

このピエスモンテ〈建築〉は、イラストからも説明からもキリスト教とロシア正教、原始時代の住居スタイルなどの要素が入った折衷様式であることがわかる。カレームがこだわっているのは色彩で、全体の調和を図ろうとしている。オレンジに薄い緑という基調色は、トーンを和らげており、「この種のピトレスクな（絵のような）ピエスモンテは、せいぜい二、三の色だけを使い、そのニュアンスは優しくあらねばならない」[★31]と忠告している。初心者用レシピというより、プロフェッショナルな料理人のためのレシピである。それは、色彩だけのアドバイス

を行っており、材料や組み立て方は書かれていないからである。その代わりにイラストが添えられている。

カレームのピエスモンテは、イタリアルネサンスの建築家ヴィニョーラの五つの建築様式（オーダー）をもとにしており、彼が『ピトレスクなパティシエ』*Le pâtissier pittoresque*で若い料理職人にもっとも伝えたかったことは、「五つの建築様式のディテールと比率を学ぶこと」[★32]だと言っている。飴細工で制作する棟、ドーム、寺院、塔、要塞、風車、庵、カリアティド、パエストゥム、エジプト風、中国風、ゴシック風などさまざまな国や地域のスタイルの廃墟がイラスト付きで掲載されている。「これらは結局、想像力豊かな混合であり、建築の歴史的様式にも料理の様式にも背いている。この時代と様式の混乱は、風景画家から見てもパティシエから見ても、歴史的詳細と装飾的想像力が幻想におぼれ、図式化され、型にはめられてミニアチュア化されたものであった。」[★33]と序論を書いたアレン・ウェイスは述べている。確かにカレームは、菓子作りを建築に見立てたが、その歴史や様式に忠実でなかったかもしれない。つまり混合・折衷様式であった。

しかしそれは、料理の歴史、アントルメの起源から考えれば、十分許容の

図6　アントナン・カレーム「ロシアの隠者の庵」『ピトレスクな料理人』
Source gallica.bnf.fr/BnF

範囲であろう。かつての自動人形や花火が飛び出す中世のアントルメ・ムーヴァンはカレームを驚くべき美しい装飾家に変容させたのである。「昔の料理はある種のバロック性を持っていた。食材から給仕まで人々はファルスとサプライズを楽しんだ。中世に見られるラテン料理の影響である幻想性の伝統から、デザートには花火を打ち上げた。カレームはこの湧き出る浪費をエレガンスな新しい装飾料理と、デッサンや建築にも比するパティシエ仕事にとってかえようとしたのだ。」[★34]「食材の中で唯一、砂糖だけがブロンズのように取り扱える。中世以来、噴き出す噴水やオリエント風機械装置によって、デザートはおとぎ話とスペクタクルの領域であった。カレームにとって、デザートは驚異的な装飾の追求であった。」[★35]とジャン＝クロード・ボネは指摘する。

アントナン・カレームは、フランス革命前にパリで生まれ、一九世紀の前半まで四九年間パティシエの人生を生きた。その間彼が仕えたのは、政治家タレーラン、イギリス皇太子（後のジョージ4世）、ロシア皇帝アレクサンドル1世、ミュラ元帥、ナポレオン、ウィーン会議中のオーストリア宮廷、バグラチオン公爵夫人、ルイ18世、イギリス大使館、スチュアート卿、そして最後にロスチャイルド男爵であった。タレーランはナポレオン失脚後のウィーン会議の立役者であり、カレームも彼に従ってウィーンへ行った。王政、共和政、復古王政、立憲君主政と目まぐるしく変化するフランスにおいて、外国体験をしたコスモポリタンであった。

カレームの考えでは、皿に盛られた料理も、デザートも二次元型の絵画というより、ボリュームのある三次元型彫刻性をもち、全体の眺めは「絵になる」pittoresqueものである。室内・

室外どちらでも、料理の空間性を重視し、そこに集う人々および環境に対応した食卓をめざした。「建築こそ、最初に誕生した芸術である。その建築から派生したのが、製菓芸術（コンフェクショナリー）という重要な分野なのだ」★36と、カレームの製菓方法を引用して研究家のイアン・ケリーはいう。

アントナンがデザインしたピエスモンテには、たとえば「パルナッソスの泉」（…）など製作に何日もかかるものもあった。メレンゲと、小さなシューをあめなどで固めて積み上げたクロカンブッシュで岩場が作られた。その岩場にそびえ立つのがデザートの「遺跡」だ。（…）このほかにもアントナンは、塩入のペーストリー、ヌガー、スパンシュガー、マジパンを使って、柱が崩れたアテネの遺跡、ロシアの修道院、海をゆく船団、運行する惑星、ハーブ、リラ、ローマの寺院、中国の仏塔などを作った。★37

これらの建築物は、一八世紀のイギリス風景式庭園に見られる「フォリー（装飾建築）」であり、実際の実用的な建築物ではなく装飾化・ミニアチュア化されたものである。リシュリュー通りの国立図書館近くに住んでいたカレームは、よくここに足を運び庭園の設計図などを眺め模写をしていた。フォリーどうしは、様式的に何の関係もなかった。イギリス風景式庭園は、散歩道の曲がったところにこれらのフォリー（仏塔［パゴダ］、ミナレット［モスク］、タタール人のテントなど）を設置し、散歩客を驚かせちょっとした楽しみを与えたのである。一八世紀後半、フランスでもこのイギリス風景式庭園は流行し、マリー＝アントワネットのプチトリアノン庭園（一七八三－一七八八）、ユベール・ロベールが設計したメレヴィル庭園（一七八六）などにその例を見ることができる。

　ジャン＝クロード・ボネは次のように指摘している。「カレームが使う言葉の中にある、一八世紀の「小さな夕食」は領主や詩人たちを喚起する。それに対して一九世紀の夕食は外交官、演説家、議員、文学者、学者、芸術家などの集まりである。[★38]」ボネによると、一九世紀のゴンクール兄弟、ベルシューやキュシー公爵など料理文学者は、一八世紀を生活美学や社交性の手本としていたという。一九世紀のブルジョワジーたちは、一八世紀の貴族たちの生活を模範として楽しんだのである。カレームの『パリの料理人』（一八二八）には、次のように書かれている。「ピエスモンテは食卓の集合に似た方式で組み合わせる必要があると、私には思われる。たとえば、軍人たちの食卓では、軍帽や戦勝記念碑などである。音楽家の集まりではリラやハープ、結婚式ではヒュメナイオス神殿、哲学者の食卓ではあずまやや藁葺き小屋、小説家の集まりなら急流である。こうすればすべての人が満足する。[★39]」

　このようにビュッフェ形式で、さまざまな部分の集合としてプレゼンテーションされるピエスモンテが各テーブルに置かれると、食卓に招かれるすべての人が自分の居場所を見つけられるような、食卓のシンボルとしての役をはたしていた。イアン・ケリーがいうように、「豪華な飾りのついたピエスモンテは、食材でできてはいたが、食べるものではなかった[★40]」にしても、会食者の五感、特に視覚に訴えるピエスモンテは、ボネが指摘するように、「紋章」としての価値があり、そのテーブルに集まることで、所属を同じくする人々の会話ができるようになることは、自然なコミュニケーションを促す最良のものであるに違いない。

このピエスモンテが効果的に登場するのがフロベール（一八二一－一八八〇）の『ボヴァリー夫人』*Madame Bovary*（一八五七）である。ノルマンディーの小村に住む富農の娘エマと鈍感で無能な医者シャルルの結婚式の日、わざわざパティシエ自身がデザート用に三段式のピエスモンテを持ってくる。一段目はギリシア様式の柱廊を象った四角い神殿。二段目はスポンジケーキでできた中世の城塞がそびえ立つ。一番上は緑の平野で岩とジャムの湖がありチョコレートのブランコにキューピッドが乗っている。

ベースにはまず、寺院を象った青い四角いボール紙があって、その周りには柱廊、列柱、漆喰でできた彫像が金紙の星を散りばめたニッチの中にあった。そして二段目にはスポンジケーキでできた要塞が載っていて、アンジェリカの砂糖漬け、アーモンド、干しブドウ、ぶつ切りオレンジでできた小さな砦で囲まれていた。最後に頂上の台は緑の草原になっていて、そこには岩の横にジャムの湖とヘーゼルナッツ（ハシバミ）の殻でできた船があった。小さなキューピッドがチョコレートのブランコに揺れているのが見えた。二つの支柱には先端にある玉の代わりに本物のバラのつぼみがつけられていた。★41

頂上のブランコはジャン＝オノレ・フラゴナールの《ぶらんこ》（一七六七）を想起させる

（図7）。この絵で楽しくブランコに乗る女性のスカートを覗く愛人に、ブランコを押す夫は気づいていない。

『ボヴァリー夫人』の折衷様式のグロテスクなピエスモンテは登場人物たちの心のすれ違いと、ボヴァリー夫妻の結婚生活の破綻を予告しつつ諷刺している。カレームのピエスモンテがなかったらフロベールのこの場面も生まれていなかったかもしれない。

図7　ジャン=オノレ・フラゴナール《ぶらんこ》1767（81×64.2）、ウォレス・コレクション、画面左側にキューピッドの像がある

カレームのピエスモンテは現代の日常生活では、結婚式のデコレーションケーキ、クリスマスケーキ、バースデーケーキなどに形を変えて受け継がれている。食べるだけではなく、観るものでもあるケーキは、会食者に居場所を与えるのだ。

現代のピエスモンテは、形を変えて、世界の洋菓子コンクールで競われている。フランスの「クープ・デュ・モンド・ドゥ・ラ・パティスリー」国際洋菓子コンクール（一九八九年創設）、アメリカの「ワールド・ペストリー・チーム・チャンピオンシップ（WPTC）」などの国際製菓コンクール（二〇〇二年創設）、日本の「世界パティスリー二〇〇九」などは、パティシエ間に限らず、よく知られているだろう。

クープ・デュ・モンド・ドゥ・ラ・パティスリーは、フランスのリヨンに本拠地を置く「シラ国際外食産業見本市」Sirha Lyonのイベントの一つであり、一九八九年に創設され、各国から三人（パティシエ、ショコラティエ、グラシエ）がチームになって、二年に一回作品の競争が行われるパティスリーの大会である。デザート、アイスキャンディー、飴細工などの技が競われる。歴代優勝国を見るとフランスがやはり強いが、二〇二三年は日本が優勝した。そのときのテーマは、「気候変動」changement climatiqueであった。ちなみに二〇二一年のテーマは、「環境責任」l'éco-responsabilité、二〇二一年は「すべての芸術は自然の模倣である」Tout art est imitation de la nature、二〇一九年のテーマは、「自然、動植物相」nature, flore et fauneとなっている。★42

カレームの時代と異なるのは、まず、パティスリーの領域が砂糖菓子、チョコレート、氷細工の三つに絞られていること、次にデザートや氷菓子が審査員に試食され順位を決められること、そして最後に一つのテーマを決めて、そのテーマの表現をピエスモンテで行うことであろう。毎年のテーマは異なり、それは時代を反映している。カレームの時代には、そこに集まってコミュニケーションをする紋章・旗のようなものであったが、現代では、地球問題、社会思想や社会問題などを表象することがピエスモンテに課されているのである。

＊＊＊

パティスリーの役目とは何か、という問題を、中世から現代まで考えてきた。パティスリーというとお菓子やケーキを指すことから、料理における砂糖の使われ方を検討した。中世ではさまざまな料理に砂糖が香辛料の一つとして使われていたが、時代が変わると次第にコースの最後のセルヴィスで集中的に給仕されるようになったことを示した。アントルメというのは、ジビエの焼肉料理などメと呼ばれる料理と料理の間に提供される一種の催しもの（スペクタクル）であった。装飾として置かれる皿アントルメ・デコラティフと派手に演出されるアントルメ・ムーヴァンがあった。アントルメは、メとメの間で口直しの役目をしていた。「詰め物」（ファルス）と呼ばれる料理が、ちょうどその口直しのスペクタクルを担った。ファルスはやがて文学では演劇の幕間 interméde の笑劇を指す言葉となる。

　こういったサプライズやスペクタクルを提供できるのは、中世の職業組合制度の窮屈な縦割りの中では、焼肉屋ではなく、小麦粉を使うパティシエたちであった。肉を小麦粉で包みパテにしたり、フルーツやジャムを小麦粉で包み、パイにしたりしていた。やがて、甘味料の砂糖が料理のセルヴィスの中で移動をはじめ、テーブルクロスを取り去った後にデザート（desservir 食事を下げる）が出されるようになると、甘いパティスリーは、デザートの領域を占め専門化し、テーブルを独占するようになる。そしてパティスリーだけの本が出るようになる。パティスリーはこうして甘さを特化したデザートの位置に収まった。

　しかしながら、中世のアントルメの伝統が完全に終わったわけではなかった。アントナン・カレームによって装飾菓子ピエスモンテが発明されると、フランスの宮廷およびブルジョワジーの食卓は、再び、活気を取り戻す。カレームは、料理に視覚的魅惑を復活させ、会食者の話を弾ませ、食べることに快楽を取り戻したのであり、それを可能にしたのは、砂糖と小麦粉の汎用性であった。一九世紀のピエスモンテは食べる以上に観るものであり、快楽を喚起していたが、現代ではテクノロジーを用いて制作の技を競い、社会や思想を表現するものとなっている。パティスリーの役目はまだ終わっていない。

註

★1 ウェルギリウス『牧歌／農耕詩』小川正廣訳、京都大学学術出版会、二〇〇四、二〇八―二〇九頁
★2 同上、一七六頁
★3 川北稔、『砂糖の世界史』岩波ジュニア新書、一九九六、九頁
★4 ローリー、アントニー『美食の歴史』池上俊一監修、富樫櫻子訳、創元社、一九九六、四六頁
★5 Rambourg, P., *Histoire de la cuisine et de la gastronomie françaises du Moyen Âge au XXe siècle*, Éditions Perrin, 2010, p.327.
★6 Ibid., p.98.
★7 ローリー、前掲書、三三―三四頁
★8 ウィートン、バーバラ『味覚の歴史　フランスの食文化―中世から革命まで』辻美樹訳、大修館書店、一九九一、二四―二五頁
★9 高平鳴海『図解　食の歴史』新紀元社、二〇一二、一二六頁
★10 ジレ、フィリップ『フランス料理と美食文学』宇田川悟訳、平凡社、一九九〇、五三―五五頁
★11 Laurioux, B., « Cuisines médiévales（XIVe et XVe siècles）», *Histoire de l'alimentation*, sous la direction de Jean-Louis Flandrin et Massimo Montanari, Fayard, 1996, p.460.
★12 Quéruel, D., « Des entremets aux intermèdes dans les banquets bourguignons » *Banquets et manières de table au Moyen Âge*, Presse universitaire de Provence, 1996, p.141, https://doi.org/10.4000/books.pup.3556.
★13 Alexandre-Bidon, D. & Mane, P., « À table au Moyen Âge », Exposition présentée à la Tour Jean sans Peur, 2015, p.34.
★14 Ibid., p.35.
★15 プーラン、ジャン＝ピエール&ネランク、エドモン『プロのためのフランス料理の歴史　時代を変えたスーパーシェフと食通の系譜』山内秀文訳、学研プラス、二〇〇八、二五頁
★16 Hugo, V., *Notre-Dame de Paris*, Gallimard, 2009, p.68.
★17 Ibid., p.112.
★18 Ibid., p.95.
★19 Rambourg, P., op.cit., pp.81-82.
★20 La Varenne, F.-P., *Le Cuisinier français, Enseignant la manière...*, chez Pierre David, 1651, p.264. Source gallica.bnf.fr/BnF, 二〇二四年三月二四日閲覧

★21 Tirel, Guillaume dit Taillevent, *Le Viandier,* Édition du XVe siècle, chez Techener, 1892, p.49. Source gallica.bnf.fr/BnF, 二〇二四年三月二四日閲覧

★22 Flandrin, J.-L., « Choix Alimentaire et art culinaire（XVIe-XVIIIe）», *Histoire de l'alimentation,* sous la direction de Flandrin, J.-L. & Montanari, M., Fayard, 1996, p.667.

★23 Hyman, P. & Hyman, M., « Imprimer la cuisine : les livres de cuisine en France entre le XVe et le XIXe siècle », *Histoire de l'alimentation,* sous la direction de Flandrin, J.-L. & Montanari, M., Fayard, 1996, p.650.

★24 Ibid., p.650.

★25 Ibid., p.651.

★26 ノストラダムス『ノストラダムスの万能薬』クヌート・ベーザー編、明石三世訳、八坂書房、一九九九、一三七頁

★27 アントニー、前掲書、四六-四七頁

★28 Rambourg, op.cit., p.99.

★29 Hyman, P. & Hyman, M., op.cit., p.651.

★30 Carême, M.-A., *Le pâtissier pittoresque,* Extraits, choisis et présentés par Allen S. Weiss, Mercure de France, 2003, p.53.

★31 Ibid., p.20.

★32 Ibid., p.19.

★33 Ibid., p.14.

★34 Bonnet, J.-C. « Carême ou les derniers feux de la cuisine décorative », *Romantisme,* volume 7, numéro 17, 1977, p.33. https :// www.persee.fr/doc/roman_0048-8593_1977_num_7_17_5121, 二〇〇九年一一月一三日閲覧

★35 Ibid., p.35.

★36 ケリー、イアン『宮廷料理人アントナン・カレーム』村上彩訳、ランダムハウス講談社、二〇〇五、四六頁

★37 同上、四八頁

★38 Bonnet, J.-C., op.cit., p.31.

★39 Ibid., p.35.

★40 ケリー、前掲書、四八頁

★41 Flaubert, G., *Madame Bovary,* Le livre de poche Classiques, 1999, pp.88-89.

★42 クープ・デュ・モンド・ド・ラ・パティスリー、https://www.cmpatisserie.com/fr/histoire-de-la-coupe-du-monde-de-la-patisserie, 二〇二四年三月二四日閲覧

3

パンの歴史とフランス人

L'Histoire du pain en relation avec les Français

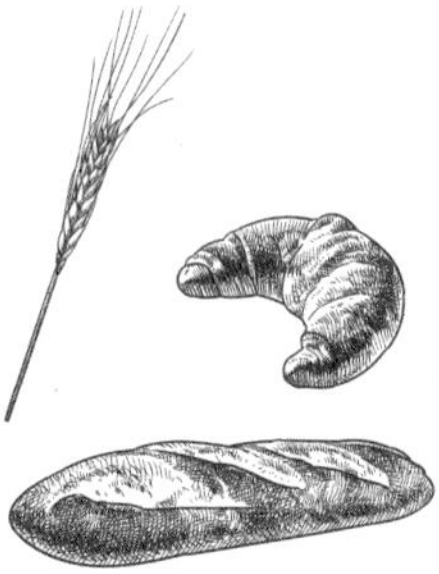

ヨーロッパの人々の主食はパンである。ヨーロッパにコメがないわけではない。イタリア米などは丸く小さく日本人の口に合う品種であろう。フランス人にとってコメは副菜で、コメを食べてもすぐにお腹がすき、パンを食べないと食事をした気にならないという。

FAO（国連食糧農業機関）のデータベース[★1]を二〇年ごとに観察してみよう。日本はコメの生産量において、一九六一年に世界三位を誇っていたが、一九八〇年には七位になり、二〇〇〇年には九位になり、二〇一九年にはついにトップ一〇に入らなくなった。この六〇年間でトップを占めていたのは中国とインドである。これに対して、小麦の生産量において、一九六一年に世界第五位であったフランスは、二〇年後にも五位をキープし、その二〇年後には四位になり、現在でも五位である。五位よりランキングが下がったことがない。

また、日本の国内農産物のうち、コメの生産量は一九六一年以来常にトップであるが、一九六一年に六位であった乳製品が現在では二位に浮上し、日本人の食生活が洋風化されていることが顕著に表れている。これに対して、フランスの農産物の国内生産量における小麦は、一九六一年に四位であったが、二〇年後には三位となり、そののち上昇し今日一位を保持している。以上のようなデータを見るだけでも、日本人がコメに対する価値観と比重を低下させているのに比べ、フランス人の小麦を主食とする価値観はゆるぎのないもののように思える。

小麦生産量においてフランスが世界第五位であるなら、第一、二位はどこかというと、一九八〇年代ごろまでロシア、アメリカであったが、それ以降は中国、インドとなる。また、コメの生産量も一、二位は中国、インドである。つまり今日、中国はその広大な領土において、小麦においてもコメにおいても世界一位の生産量を誇っている。

フランスは農業国であることを自認しており、EUにおいて小麦の生産量は一位であり、世界においても五位であることから先端産業とともに農業を重視している国であると十分理解できる。

フランス人の現代の食生活においてパンの比重は高い。フランスのパンのフードシステムを調査した須田文明によると、フランス人は九八%がパンを食べている。★2 パスタにする硬質小麦をのぞき、軟質小麦の生産量（穀物生産面積五四%を占める）に絞ると、そのうちの五五%は輸出用、国内市場が四五%を占めるという。ほぼ半々といえよう。フランス小麦の輸出先は、アフリカの旧植民地やフランスの隣国などであるが、近年フランス小麦のタンパク質含有率が下がり品質低下が起きており、国際競争力が下がっている。しかしフランスの農民は、小麦の輸出向上には比較的無関心であるという。彼らは小麦の輸出入よりも国内生産に関心があり、むしろ単収（耕地一〇ヘクタール当たりの基準収穫量）、病気への耐性などが小麦生産に取り掛かるときの重要な基準要素なのである。★3

また、パン職人は、国家資格「パン製造職業適性資格CAP」を持っていなければならず、「一つの事業所で、パン生地の製造からパン焼き、販売までを実行する」★4。パンの製造は、量販店などよりも職人による製造が多く、約六割を占めている。フランス人は、朝早くからパン屋の前に行列を作る習慣がある。その日食べるパンを買うためである。なぜ町のパン屋で買うのか、アンケート調査によると、「品質が高い（おいしい）」「近くにあるから」「本物のフランス

のパンの伝統を守りたいから」というランキングである。[★5]

農民たちが小麦の栄養素に関心が薄く、収穫量と病気の危険性を気にする、中世的といっていいほどの保守的体質をもっているのはなぜだろうか。フランス人が毎日町のパン屋で行列を作る伝統はどのように生じたのだろうか。そもそもフランスパンはなぜ食パンなどと異なって外皮が硬く中身は柔らかいのか。こういったパンについての謎を食の歴史研究家たち、一八世紀のディドロとダランベールの編集になる『百科全書』（一七五一－一七七二）[★6]や文学作品などを紐解きながら探っていこう。

1 パンを食べる人、粥を食べる人

古代ギリシアの吟遊詩人ホメロスは、その二大叙事詩の一つ『オデュッセイア』の中で、「パンを食べる人」の話をしている。トロイア戦争に参加したオデュッセウスは知将として木馬の奸計を提案し、ギリシア方を勝利へ導く。『オデュッセイア』はオデュッセウスが部下とともにトロイアから故国イタケ島へ帰還する道中にさまざまな困難に遭遇するが、島へ戻り妻子・父親と再会を果たす物語である。

オデュッセウスは、帰国間際、自分がどんな冒険をしたかアルキノオス王に話すくだりで、地中海の町々に立ち寄った話をする。ロートパゴイ族の国に上陸したとき、部下をロートパゴ

イ人の元へやって「ここにはパンを食う人間のどのような種族が住んでいるか、調べてこいと送り」出す。部下たちはロートスの実を食べ美味しいと思ったが、「誰も彼も、復命することも帰還することも念頭から消えて、ロートスの実をかじりながら、ロートパゴイ人の許に住みつきたい、帰国などはどうでもよいという気持ちになってしまった」[★7]。また、その次に立ち寄ったライストリュゴネス人の国でも部下に「この地でパンを食って住んでいるのはどういう人間か、行って調べてこい」と送り出す。部下たちは船を降りて町の方へ行き、その国の王の娘に会って屋敷に行くと巨体の女房がおり、巨人族の夫が戻ってきて、彼は「たちまち部下の一人を摑まえると、飯代わりに料理してしまった」[★8]。オデュッセウスは、すぐにこの地を離れる。ロートパゴイ人は、パンではなくロートスを食べており、ライストリュゴネス人は人間を食べる。彼らは「パンを食う人」ではない。

　ホメロスの描くオデュッセウスは、旅の途中に出会った民族が「文明化されている」ことをさして、彼らを「シトファゴイ（パンを食する人々）」と呼んだ[★9]とナイジェル・スパイヴィーとマイケル・スクワイアは言う。

　神話学者、吉田敦彦は、当時のギリシア人の通念として「オデュッセウスは、人間が大地を耕やして得られるパンを常食とすることで、神々とも、また他の動物ともはっきり区別されると信じていた」[★10]と説明する。つまりオデュッセウスは、自分たちと同じ人間かどうかを判別するために「パンを食う人」かどうかを基準にしたのだ。ロートパゴイ人は木の実であるロートスを常食とし、ライストリュゴネス人は人間を食らう巨人族である。これは明らかにギリシア人とは異なる習慣を身に付けている異民族（＝野蛮人）であり、議論をすることもできないと判断される。

またギリシアの神々の食事はアンブロシアとネクタルであり、それによって彼らは死を知らない、永遠に生きる種族である。たとえば、女神カリュプソは、自身の島に漂着したオデュッセウスにアンブロシアとネクタルを勧めるが、彼は手をつけようとしない。人間だけが大地を耕して小麦を作り、パンを作って生きる糧としている。一旦、神々の食事を口にすればもうオデュッセウスは人間に戻れない。

オデュッセウスにとってパンを「食う」か「食わない」かがどれほど重要かがわかろう。パンは、人間と動物、火を使う人と火を使わない人、人間と神々とを差異化する基準となっている。ギリシア人のアイデンティティーを形成するために重要なものが「パンを食う」という食習慣なのである。

『食の歴史』の著者の一人、エッダ・ブレッシャーニによると、古代エジプト人はすでにパン製造の初歩的な技術を持っており、穀物はまず砕かれ、粉にされ、ふるいにかけられた。より細かい粉を得るためには穀物を最初に軽く焼いておくか太陽で乾かせばよかった。（手動式回転石臼はギリシア・ローマ人たちが使い始めた。）したがってパンにはいつも小さな石が混じっていてエジプト人のミイラの歯が摩耗しているのはそのためであるという。また、この時代の穀物とは大麦、小麦で飲み物はビールであった。パンを膨らませる酵母菌にはビールの酵母をすでに利用していた。

「パンは、丸型、卵型、三角型、半円型あるいは円錐型などいろいろな形があった。神殿の供物用のパンは粘土の円錐型の鋳型に生地が流されていた。」「パン生地は脂（エジプトの文書では「白い脂」）と卵で上質にし、あるいは蜂蜜を塗って甘くし、フルーツ（イチジク、ジンジャーの風味のするアフリカナツメヤシの実）を丸い生地と生地の間に挟んだ。ときおり、小麦のガレットの上にナツメヤシと蜂蜜のマーマレードを塗った」[★11]という。

ギリシアの歴史家ヘカタイオス（紀元前六－五世紀）によると、「エジプト人はパン食い人で、キュレスティスというパンを食べ、オオムギからつくる飲み物を飲んでいる」とアテナイオスが伝えている。[★12]

古代エジプト時代のパンの作り方は、麦を砕いて、粉にし、ふるいにかけて練り、酵母菌で膨らませ、マーマレードをつけて食べるというのが基本工程であり、これは現代でも同じである。もちろん膨らまないパンも食べていた。そして、パンの形はすでに丸、半円、楕円、三角、円錐など多様であり、神への供物用には円錐形を用いていた。これは粉から生地を練って焼く過程で自由にさまざまな形ができるからである。パンの作り方は古代から変わらない（図1）。

また、フェニキア人とカルタゴ人の食生活を研究したアントネッラ・スパノ・ジャンメッラーロは、「先史時代の中近東などでのように、人々は穀物を茹でて粥状にして、あるいはパンにして、あるいは異なる種類の麦をガレットにして食べていた」[★13]という。そしてマッシモ・モンタナーリも「代表的な食糧価はパンであり、パンはローマ人の食糧の象徴的食物である。」「兵士の理想は故国のために兵役を終え、征服した土地で自分のために「切り取られた」土地を耕し始めることである。最もよき将軍はキンキナトゥスのように自分の土地を耕していたが、兵役に出て、兵役後そこに戻ってくる将軍である。このようなモデル（例）は空想と現実が混合し相互に強固となり、（…）食糧としてのパンの絶対的で優先的で特権的な役割を読み取らせてくれる。」[★14]と指摘している。

ギリシア文化を引き継いだローマ人にとって最も重要なことは、兵役を終えると自分の土地を取得して耕地にしパンを作ることである。帰る故国patrieとは、「小麦、ブドウ、オリーブが育つ大地」[★15]のことであり、逆にいうと小麦、ブドウ、オリーブが育つところを故国patrieとするのである。地中海の人々にとって大地での定住生活がどれほど重要か理解できよう。

パンの食べ方の一つに「茹でて粥状にする」sous forme de bouilliesとある。これはどういうものであろうか。ギリシアの医者ディオスコリデスと大プリニウスは、エジプトでは粥は子どもの食べ物であったという[★16]。モンタナーリは、ギリシア人とローマ人を語る食文明であるパン、あるいは穀物（シリアル）について、両民族の差異は、ギリシア人が「大麦を食う人」であるのに対し、ローマ人は「粥を食う人」と指摘する[★17]。

古代エトルリア人は、「大麦、スペルト麦、ソラ豆、小麦、アワ、キビ、ゴマ、ヒヨコ豆、エンドウ豆、レンズ豆など」を食べていた。「ローマでは質の悪い穀物はパンに

図1　古代エジプト期（紀元前1552-1069）の供物用パン、ルーブル美術館 https://www.photo.rmn.fr/archive/21-506392-2C6NU0ADB3EO1.html, 2024年12月20日閲覧

できなかった。そこでこれらの穀物の粉を水や牛乳に混ぜて、半分液体状のものあるいは粥状のものを作っていたので、ギリシア人は、プラウトゥスの時代、ローマ人を〈粥を食べる人々〉と呼んでいた。」[★18]

穀物の種子は硬いので、液体に浸けて柔らかくしないと食べられない。その中に多様な穀物を混ぜて粥ができあがる。こうしてスープ状にすることで何でも混ぜることができるようになる。日本の雑炊と似ている。ローマ人にとってパンとは粥のことでもあった。

2 皿としてのパン

中世に入ってもパンの価値は変わらない。「中世ではスープという単語は一切れのパンを意味した。この意味で今日でも、〈パンを浸す tremper la soupe〉という表現が残っている。一六世紀と一八世紀の間には、特別の場合を除いて、パンなしのスープはなかった。」[★19] つまりスープとパンは同じものを指していたのである。スープ soupe の語源は、一八世紀の百科全書によると「イタリア語の **zuppa** あるいは **suppa** から来ており、それらのイタリア語は、濃縮されたワインを意味するラテン語の **sapa** に由来する」と書かれている。古代よりパンとワインは同じものを指し、命の糧であった。

仏仏辞典（*Trésor de la Langue Française*, 1971-1994）でスープ **soupe** を引くと第一義に、古い意味と

して「温かいブイヨン、時折りミルクやワインに浸した一切れのパン」とある。一三世紀ごろには「パンを切る」**tailler la soupe**という表現が使われている。

一九世紀末のフランスの作家モーパッサン（一八五〇－一八九三）は日本でもよく知られているが、農民たちの会話を、彼らが日常使っている言葉で書いた作家でもある。農民を描いた短編『アマーブル親父』***Le père Amable***（一八八六）の中で「彼女は炉に火をつけ、パンを切り**tailler la soupe**、食卓に皿を置いた」と書いている。フランスの農民たちは、一九世紀末ごろでも、スープをパンの意味で使っている。スープはやがてパンではなく、それを浸したポタージュやコンソメを表すものになった。だからフランス語ではスープは液状ではあるが、「飲む」とは言わない。スープを食べる**manger la soupe**であり、スープを飲む**boire la soupe**ではない。スープはあくまで粥に近いもので食べるものである。

現代のフランス人の日常食を調査した（二〇〇二年）結果をみると、フランス人の朝食はパン（＋蜂蜜、バター、ジャム）とコーヒーのみである。昼食と夕食には肉料理、魚料理が登場するが、パンももちろん食べる。興味深いのは、昼食で多かった肉と野菜の出現回数は夕食において激減し、代わりに夕食で激増するのはスープとチーズである。パンは夕食においての方が昼食においてより多く摂られている。フランス人の夕食では、パンとスープが同時に登場するのである。[★20] 朝食のパン、夕食のパンとスープ（粥といってもいい）を考えると、フランス人がどれほどパン好きかわかる。

古代の人々は、パンを手で、あるいは器に入れて粥として食べていた。では中世から一六世紀、一七世紀にかけて、フランスやドイツの貴族の食卓ではどのようにパンが食べられていたのであろうか。トランショワールと呼ばれた取り皿としてのパンを見てみよう。食文化研究家、舟田詠子は「トランショワール」を次のように紹介している。

フスマ入りのコムギ粉製で、しかも堅くて目のつんだ、細長い箱のような形をしていた。これを食卓で薄くスライスし、各自が皿の代わりに食卓にじかに置く。そしてこの上に肉料理などをのせて、ナイフで肉を刻みながら食べた。このまな板パンは、一人の使う枚数には、たとえば主人は三枚、息子は二枚、さらに身分の下のものは一枚、というように身分差があり、ことに賓客には、まな板パンが目の前に高々と積み上げられたというから、一度の食事でかなりの量が消費されたことになる。使ったものは自身で食べたり、犬や貧者に与えられた。★21

中世に存在したこの皿の代わりになるトランショワールというのは、最後には食べられるものであり、自分で食べても貧者に与えてもよいという慣習であった。レイ・タナヒルは、次のように説明している。

各自の前に焼き上がりから二日たったパンの厚切り（さしわたしおよそ一五センチメートル、高さおよそ五、六センチメートル）を一、二枚置くのがならわしだった。そしてその上に盛り皿から料理が移され、あるいは焼いた肉の薄切りが置かれた。中世の料理の非常に多くが挽き肉や厚切り肉に濃厚なソースをかけたものだったので、たとえずっしりしたふくらませないパンでも、皿にすればすぐにソースがしみこんでしまう[★22]

何枚かパンを重ねて皿にして食べるというのは興味深いが、現在でも私たちが食べているチャパティ、ナン、ガレット、トルティーヤ、ピタパン、それにピザなど世界の平焼きパンを考えるとそれほど不思議ではない。平たく伸ばしたパンの上に肉や野菜を載せているだけで、それを丸めたり、袋状にして口に運ぶことができる。レイ・タナヒルは「インド人は米とカレーを口に運ぶのに、しばしばチャパーティーを大さじとして使った。(…)大さじとしてのチャパーティーの大きな長所は、チャパーティーがたくさんあれば、米を載せたまま食べることができるし、もしあまりなければ、料理を口に運ぶのをすべて一枚のチャパーティーですませた後、それも食べられることで、そのチャパーティーには、それまでの料理のおいしい味がすべて染み込んでいるという次第である[★23]」という。つまりパンはインド人にとって「スプーン」なのだ。

舟田も平焼きパンに言及し、パンは食器であると述べている。「平焼きの世界にはスプーンもフォークもない。パンを使って食べものをつかんだり、掬い取ったりする。パンがスプーンやフォークの役目をしているわけである。そのうえ、皿もいらない。おかずをのせた平焼きは食べられる皿である。皿の縁を土手のように高くすれば、多少汁気のものも入れられる。するとこのパンは食べられる器である。このように平焼きパンは食べものと食事道具を兼ねる、しかもゴミも汚水も出さない生活ができる大変便利なものなのである。」[★24]

しかし、スプーンと器やまな板では少し異なる。ヨーロッパ人の場合、パンは手の延長であるスプーンの代わりではない。トランショワールの語源を紐解くと舟田が言う「まな板」の意味の方が近い。『中世フランス語辞典』DMF（*Dictionnaire du Moyen Français*, 1330-1500）によると、中世では、トランショワールは「その上で、肉、パンを切る盆」、第二義に「切った肉を置くパン」とある。つまり、トランショワールは肉やパンをその上で切る盆、平たいトレイであると同時にパンそのものであった。この道具が「食べられる皿」であった。合理的かつ地球にやさしいトランショワールはゴミを出さない食器兼食物であった。

この盆としてのパン（トランショワール）は一六世紀と一七世紀の境目あたりまで存在していた。しかし、トランショワールと、スープを入れていた窪んだ鉢の役目を同時に満たす「皿」assietteという言葉が使われるようになる。皿assietteはまた、食事仲間の席という意味と食べるための皿を指した。[★25]

フランスの料理研究家のパトリック・ランブールは、一六世紀でもなお中世のように架台に板を置いただけの簡素な食卓であったと言う。彼は床に固定されたテーブルにも言及して次のように述べている。

テーブルは固定された一本の脚であった、そこによきブルターニュの農民が〈気どりもなく、きちんと完璧に布をかけた〉。エリート層の家では、このテーブルは食事用ではなく、むしろ飾り家具である。エクーアン城にあった〈扇形〉のテーブルのように、その脚は下の方で狭く、上の方では扇形に広がっていて、豪華に彫刻された飾り家具であった。★26（図2）

固定された一本の脚の上に布をかけて食卓テーブルになるようだ。これは、実は一八世紀の百科全書執筆者の一人ジョクールが書いているトランショワールの意味と一致する。ジョクールの説明を読むと、トランショワールとは建築用語で、「柱の柱頭に置かれる四角いテーブルを指し、コリント様式の柱頭では葉を囲むように載せられ、籠あるいは花籠を覆う四角い瓦を指す」★27とある。（図3）

このように、フランス語でトランショワールというのは、古代建築で一本の柱の上部に載せるエンターブラチュアを支えるための瓦であった。その形に似た家具テーブルが現れ、食卓となった。その後パンを切るテーブルとなり、そ

図3　パリ・マドレーヌ寺院のコリント式柱頭（筆者撮影）

図2　エクーアン城の飾りテーブル★28

のテーブルがパンになる。

　パンは、世界各地の食生活の違いによって食事中で異なる役目を果たしている。スプーンの役目をするパンもテーブル（皿）の役目をするパンも脆ければ役目を果たせないので、ポロポロと砕けるパンではなく身が詰まったパン、つまり膨らんだパンではなく、膨らまないパンが使われていた。しかし、料理のソースがしみ込んで、最後にはパンだけ食べても美味しかったのだ。このパンを分けてもらうのが貧者たちであった。

　中世における食卓を彷彿とさせる考古学美術館では、トランショワールが出土し、それを収蔵、展示している。それは、パンそのものではなく、パンの下に敷いた木・錫・金銀のトランショワールである。

「農民の食事に装飾は要らない。土器あるいは樹皮の鉢。固く、とげを避けるために磨かれた木片のスプーン。そして食べ物を刺し、パンを切り、そのパンをトランショワールにし、その

図4　2012年に行われたロワシー・ペイ・ド・フランスArchéa 考古学展示会：錫の水差し（クリュニー国立中世美術館コレクション）、ヴィリエ・ル・ベルで発見された一連のグラス（SRAイル・ド・フランスコレクション）、サン・ドニ近郊から発掘されたタンブラー・ボトル、テラコッタの塩入れ、錫のトランショワールとナイフ（UASDコレクション）© J.-Y. Lacôte / Agglomération Roissy Pays de France / ARCHÉA

上に肉を載せるためのナイフがあればよかった。トランショワールは貧困者のうちでは木片で、富裕者のうちでは錫や金銀細工の物でできていた。[★29]」

図4の写真で前列中央右寄りにある錫のトランショワールは、フランスの北部サン・ドニ地方から出土している。ちなみにこのころにはまだ、フォークはない。

のちに上級階級の食卓で陶器の皿、銀の皿が使われ始めると、社会全体に皿の習慣が根付いていき、トランショワールは次第に姿を消していく。一八世紀中ごろの百科全書には、先ほどの建築用語の意味しかなく、パンの意味は書かれていない。

3 フランスパンの皮

フランスパンの皮がなぜ硬いのか、考えたことがあるだろうか。フランスでパンが重要であることは先に述べた。中世末期の貴族、上流階級のブルジョワたち、そして農民たちも、皆パンをよく食べた。確かに彼らは全員小麦のパンを食べていたわけではなかった。貴族や上流階級の人々は白いパンを食べ、農民たちは白くないパンを食べた。しかし、農民たちに白い小麦のパンが法で禁じられていたわけではない。誰でも白いパンを買って食べることができた。[★30]ではなぜ農民たちは白いパンを食べなかったのか。それは、貧富の差である。貧しいものは白いパンを買えない。

一五七二年、出版業者のシャルル・エチエンヌと医者のジャン・リエボーが著した『農業と田舎の家』はラテン語の書物をフランス語に訳したものであり、一八世紀の百科全書家たちが大いに参考にしたものである。この本によるとパンは西欧人にとって最も主要な食糧であり、また最も一般的な食糧であった。「小麦粉のパンで、ふるいにかけていないパンは、色の濃い、濃厚で、粘り気のあるエキスを持つ食材が必要であっただけに、農業労働者、墓掘人夫、荷揚げ人夫、その他常時働いている人などに適していた。彼らに向いているのは、膨らまず、よく焼けておらず、殺菌されていないドロドロした、スクルジョン粉（大麦）、小麦粉に混ぜたライ麦、栗粉、米粉、ソラ豆粉、その他豆類の粉などである。」[★31]ここでは労働する人と労働しない人が区別されている。労働する人には、重く、濃い味の、ドロドロした食糧が必要であり、軽くて、ふるいにかけられて精製された小麦粉のパンは肉体労働をしない人向けのパンなのである。フランドランの報告によると、「小麦、たとえ白くても、農民のパンは粗いパンで硬いパンであった。上流階級ではその日に焼いたプチパンを食べていた。田舎では実際、パンは時間の節約と燃料の節約のためそれほど製造されていなかった。アルプスの谷間地方では、一年に一、二回焼かれていただけだ、と一七世紀ドーフィネ地方の地方行政官であるコルベール・ド・クロワシは書いている」[★32]。上流階級と下層階級、特に農家では、パンの製造の方法も異なる。毎日焼いたホカホカの柔らかいパンを食べる上流階級に対して、農民は貧しく、パンを焼く窯も入手できず、製造するのに時間がかかるため金銭と時間を節約し、年に一、二回しかパンを焼かない。だからパンが硬くなる。

さらに「パンができるだけゆっくりと硬くなるように一〇あるいは二〇リーブル[33]の重さの太い車輪のようなパンを作り、硬い外皮によって守られるように作った。それでもパンは硬くなった。その硬いパンを食べるにはよほどの食欲がないと食べられなかった。次のことわざがそれをよく示している。〈一五日分のパン、三週間の空腹〉。その結果、めったにパンを焼かなければパンは少なくてよいし、麦もそれほどいらない。このように硬いパンを食べることは、精神的支柱の原理であり、農民たちの節約でもあった。〈良家ではパンは硬く、木は乾燥している〉〈硬いパンは良い家を作る〉」[34]。

パンがヨーロッパの人にとってどれほど重要かは、上流階級と農民では考え方がまったく異なる。農民が口にするのは硬くなったパンで、車輪のように丸く大きく焼かれる。そのパンの外皮を硬くし、内部を柔らかくしておくのだが、次第に内部も硬くなる。カチカチになったパンを食べるのはよほど空腹のときだけだ。パンはあるのだが、結局硬すぎて食物にならない。それはついに良家のシンボルと化し、硬いパンを食べることは節約精神が身についている立派な農民なのである。一五日分のパンを焼いて三週間分とするようなリズムで生活する。

硬いパンが人々のモラルを形成し、最終的に日々の生活の物理的、精神的支柱になるに至ったことを考えると、フランスのパンは、ただものではないことがわかる。

フランスパンは、現在でも、どれもみな外皮が硬く、内部は柔らかい。エピなどは一口噛むだけで、歯が欠けそうなぐらい硬い。前述したように、なぜパン屋のパンを買うのかというアンケートに「フランスのパンの伝統を守りたい」という回答があったが、それはモラル形成と精神の安定に寄与するこの硬いパンの伝統を指すのではないだろうか。良い家には硬いパンがある。

パンの研究で知られるフランス政治学院出身のアメリカ人歴史家スティーブン・L・カプランは、「フランス人にとって、パンは歴史遺産であり、彼らのアイデンティティの一つである」と記し、「キリスト教の国ではパンはキリストの身体であり、神聖なる典礼の要素である。キリスト教は力のある奇跡的な精神性をパンに与えている。しかし、非キリスト教徒にとってもパンは共同体の要素であり、社会的繋がりを形成する主役である。一緒にパンを割ることは一つの社交要因である。パンは「友達」copain（コパン）、「仲間」compagnon（コンパニョン）の語源であり、これらはパンをともに食べる人を指す。政治的にもパンは社会平和を保障するものである」[★35]という。

一緒にパンを割るというのは、どういうことか。「イタリアでは、隣どうしで焼いたパンがくっついていることがあり、会食者はそれを分け合って食べるところからコ－パン（共有するパン、分けるパン、copain）と呼ばれた。小さなパンが並んでテーブルクロスの上で各会食者の領有空間の境をなしている。籐で作られた大きなかごが部屋の隅に置かれ、補給を容易にしている。こういった装置が配置されるや、会食者たちがテーブルに着くのである。」[★36] また、「テーブルマナーを証明する言葉が残っている。友達copainをもつとは、つまりパンを分け合う仲間のことを言う。」[★37]

フランス人にとってのパンの重要性と精神的支柱との関連は、ヴィクトル・ユゴーの『レ・ミゼラブル』*Les Misérables*（一八六二）にもよく示されている。貧しき主人公のジャン・バルジャンは、パン屋にパンを盗みに入って逮捕され、五年の刑に処せられるが、脱走を重ねたのち一九年後の一八一五年にようやく釈放される。ユゴーは、この小説の中、ジャンの改心を導くミリエル司教の体験談の中で、次のように述べている。「ドーフィネ高地地方ではそうだった。彼らは六か月に一回パンを作った。パンは乾燥した牛糞を燃料にして焼いた。冬はこのパンを斧で割り、二四時間、水につけて食べた。」[★38]

小説はフィクションであるが、一九世紀の小説家の作品はリアリティを持っている。ユゴーは歴史的事実を重視した。ユゴーの描く、年に二回しかパンを作らず、その硬いパンを割って水に浸して食べるというドーフィネ地方の人々の習慣は、前述した歴史学者フランドランの調査とも一致する。小麦を作り、粉にして生地を練り、焼いて食べるという一連の作業を自分の家で行うことは、山岳地帯のアルプス高地に住む人々にとってどれほど難しかったかと、舟田詠子も報告している。パン焼きが、「スイスのマッターホルンのふもとのあたり、ヴァリス州では一年に一度という所さえあった」[★39]と言う。

また、『レ・ミゼラブル』でテナルディエ夫婦に娘をあずけて極貧生活をしているファンティーヌは、「五時間の睡眠のあと残りの時間は裁縫をして、やっと何とか毎日パンが食べられる。それに悲しいときパンはあまり食べない。そして、苦痛、不安、少しのパンが一方に、もう一方に悲しみ、それらすべてが私を養ってくれる」[★40]と言う。パンが生活にあるというだけで、ファンティーヌはどんな苦しみにも耐えられるというのだ。彼女の苦悩と悲嘆はパンが支えている。彼女にとってパンは自分の命のみならず娘の命でもある。

フロベールの小説『三つの物語』*Trois contes*（一八七七）の中の一編『まごころ』*Un cœur simple*（一八七七）は、ノルマンディー地方のブルジョワ家庭に雇われている実直な女中フェリシテの物語である。「清潔さに関しては、彼女の磨いた鍋は、他の家政婦が絶望するほどピカピカだった。倹約屋であった彼女はゆっくり食べ、食卓のパン粉を指で集めて食べた。一二リーブルのパンで二〇日間持つパンを自分のために焼いた。」[41] 一二リーブルのパンは六キロのパンである。塊としてはかなり大きいが、一日三〇〇グラムずつ食べるとして、多くもなく少なくもなく慎ましい誠実な日々を送る女中と判断できる。

また、モーパッサンの『老人』*Le vieux*（一八八四）には、典型的なノルマンディーの農民夫婦の日常が描かれている。「彼は部屋を出て台所へ行き、戸棚を開け、六リーブルのパンをとって丁寧に一切れ切った。テーブルクロスに落ちたパン屑を手のくぼみにとって、何も失わないように口の中に入れた。そしてナイフの先で茶色い壺の底にある塩バターを少しとり、パンに塗り、いつものようにゆっくりと食べ始めた」[42] とある。パン屑を拾い集め、急がずゆっくり食

図5　ノルマンディー地方のパン屋で量り売りされていた田舎風パンのパストゥーロ。全体で7キロあり、1キロ7.50ユーロで売られていた（筆者撮影）

べることによってお腹がすぐいっぱいになる。ナイフは中世以来フランスの農民が一人前（成人）になった証として、習慣的にポケットに入れて持ち歩いているものである。

このような一九世紀後半の農民の姿は、小麦のパンが農民たちの暮らしの中に以前より多く入ってきているといえるが、フランスの農民生活と農民精神は基本的に昔とほとんど変わっていないことを示している。

4 フランスのパン屋

ここで一八世紀の百科全書のパンの項目を開いてみよう。

「多種類の粉によってパン屋はパンを作る。パン・モレとは小麦の純粋な特上質のパン、パン・ブランとは上質の白い小麦パン、パン・ブラン・ビとはパン・ブランに柔らかいふすまを混ぜたもの、パン・ビとはふすまに白小麦を混ぜたもの」「パンはアジア、アフリカ、アメリカの大部分においてトウモロコシ粉で作られる。トウモロコシ以外にもアメリカではキャッサバパンがある。ただ生の液汁には毒があるが、根の部分でつくるパンは繊細で栄養がある」[★43]とある。その下に、パン・ビ、パン・ビ・ブラン、パン・ブラン、パン・ド・ブラーヌ、パン・シャラン、パン・シャプレ、パン・シャプレ（2）、パン・ド・シャピトル、パン・コルニュ、パン・ア・ラ・レーヌ、パン・ア・ラ・シゴヴィ、パン・プチと一二種類に分けたパンを説明し、そのあとにはカラス麦パン、大麦パン、ライ麦パンなどが続き、再度、一二種類のパンの作り方が書かれ、その後、さまざまな儀式で使用されるパンの説明があり、このようにしてパンの項目は延々と続く。

キャッサバパンは、現在、世界で食べられているタピオカ粉から作られるパンである。パンは小麦以外にもさまざまなものから作られるという例でトウモロコシパンとともに挙げられている。この分類のしかたをみると、「色」「生地」「形」「素材」などが基準になっているようである。「栄養素」は基準にはない。「ビ」というのは灰褐色を指し、「パン・ビ」というと、色のついたパン、つまり麦の表皮（ふすま）が混じっているパンである。たとえば「パン・ビ・ブラン」と「パン・ブラン」の違いは、前者は白い小麦とそのふすまが入っていて少し黒い（茶色い）、後者はふるいにかけて表皮を取り除き最特上粉を使用したパンで白い。「パン・シャラン」と「パン・ド・シャピトル」の違いは、前者は砕いた生地で作る非常に白いパンで、後者は、前者より高級で生地が柔らかい。「パン・ア・ラ・レーヌ」は二つに割れたパンを指し、「パン・ア・ラ・シゴヴィ」は中央にもう一つ〈頭〉が載っていて、「パン・ア・ラ・レーヌ」より硬い。

このような書き方をみると、パンの分類は相対的で、それほど明確ではないと思える。百科全書とはいえ、すべてのパンを網羅し、知悉する重要性より、人々に知られ、自分たちの住んでいる町にあるもっとも身近なパンに親しみを込めて名付けたパンを列挙していると考える方が妥当かもしれない。そう考えると、記述されていないパンも含め、フランスパンの多様性に驚かされる。

パン屋boulangerの項目をみる。★44 パン屋とは、「パンを作り、焼き、売る人」とまず定義されている。そのあと、パン屋の歴史が書かれている。初期のパンはガレットのような平焼きパンで、小麦を挽いて粉にする仕事は、過酷な仕事だったので、すべての国において、奴隷の仕事、あるいは軽犯罪者の労役であった。古代ローマではギリシア人たちが粉を挽いた。

フランスでは、四つのパン屋があった。❶都市のパン屋、❷城内のパン屋、❸特権階級のパン屋、❹露店パン屋（市場のパン屋）。一三六六年時点で、パリ市内に一五〇軒、パリ城内に六六〇軒、露店パン屋九〇〇軒であった。パン屋の法規制は厳しく、個人の客が小麦と粉を買ったあと、パン屋は決まった量しか粉を買えなかった。「パン屋は重さを量ってパンを作らないと六〇スーの罰金を取られ、さらにパンの横領も罰金が課せられた。」

興味深いのは、「すべてのパン屋は市場で販売できる。毎日決まった量のパンを供給する。そうでないと罰金を払う。そこにはパン屋本人か妻がいること、持ってきたパンはすべてその日のうちに売り切ること。正午までは決まった料金で売らなければならない。正午を過ぎると、値を上げることはできない。全部売り切るために下げなければならない」という記述である。

注目すべきは、パン屋の労働が過酷なものであり、昔は奴隷や犯罪者が行っていたことである。しかも多く作っても少なく作っても罰金を取られたが、それにも関わらず多くの町のパン屋や露天商が存在していた。その数は一九世紀になるにつれて増えていく。

舟田詠子はドイツのパン屋についても同じように、正直ものでなければならず、悪徳パン屋はひどい罰を受けることを報告している。ドイツには「パンは神がつくり、パン屋は悪魔がつくった」という言い回しがある。「悪魔がつくった職業と見なせるほど、パン屋はきつい仕事だと解釈するのがパン屋。悪魔がつくったと見なせるほど、パン屋は悪いやつらだと解釈するのが消費者である。」[★45]

パン屋という職業が、肉体的にも決して楽な職業でなかったことは確かである。カプランは、「一八世紀のパリのパン」[★46]の中で、パルマンティエ[★47]の言葉を引きながら「パンを作ることは恐ろしくつらく疲労困憊の仕事であった」と言い、一九世紀のことわざにも「パン屋になるには、強くバカでなければならない」とある。

「パン職人は一五〇キロの粉袋を担ぎ、二〇〇キロのパン生地を手で、あるいは足でこねる必要があった。パルマンティエによるとパン職人は〈呻き屋〉と呼ばれた。なぜならパン生地を練りながら、ぶつぶつ不平をいい呻き声をあげていたからである。ジョルジュ・サンドは〈一種の苦しい野生の叫びがあった。殺人の場面かと思えるようであった。〉」とカプランはいう。パン職人の不満は「一八、一九世紀には非常に激しくなった。夜にだけ生きているとは〈自然の掟に反する〉、コウモリのように生きる、夜の奴隷ではないか」。「白パンが依然として市場の王者であった。消費者は一七〇九、一七二五－一七五六、一七三八－一七四一、一七六五－一七七〇、一七七五、一七八九年など飢饉の年は苦しんだ。パン市場を動転させた。パンは黒く、重く、高くなった。」カプランの報告は、当時のパン工房を彷彿とさせる。貴族の館でも厨房は地下に作られていた。パン屋の店先は地上にあっても工房は地下にあって牢獄と同じ環境であったのである。[48]

5 白パンと黒パン

四、五世紀には、人口も増え、穀物を中心とした食生活が拡大した。人々は、これまでの小麦だけではなく、野生に生えている雑穀類を食用にし始めた。それはライ麦、カラス麦、モロコシ類などである。「小麦より利益になり、手間もかからないマイナー穀物の成功は、すぐに必要な食材、加工せずに消費できる食材という条件をみたした経済の兆候であった。こうして小麦は、ライ麦やカラス麦——四、五世紀ごろから始まったもので、野生の植物を選び耕作するやり方は中世の発明といってよい——あるいは、大麦、スペルト小麦、アワ、キビ、モロコシ類などと競争し始めた。[49]」

このモンタナーリの報告で興味深い点が二つある。一つは、ローマ時代には小麦を中心とした農業であったが、人口の増加によってそれだけでは間に合わなくなった。そこで、小麦耕作地に自然に生息するカラス麦、ライ麦、アワ、キビなど雑穀herbes sauvagesに目をつけ育てるようになった点である。もう一つは、雑穀は、自然にできるので育てる手間がかからず、収穫すれば小麦のように加工せずにすぐに食べられ、しかも小麦より利益になるという点である。

もちろん、大麦やスペルト小麦なども古くから知られ、食糧として利用されてきた。しかし、小麦とは異なる。小麦は、グルテンを含み粘りの成分があるので、捏ねてパンにすると膨らむ。この加工によって小麦とその他の穀類が区別される。しかし、手間がかかる小麦耕作はとても人口増加に対応できない。そこで雑穀を育て、そのまま、あるいは粉にして膨らまないパンにする、あるいは水、ワイン、ブイヨンなどで粥にして食べるのである。小麦を食べる人とそれ以外の穀物を食べる人は差異化されていく。

このような人口増加は、家畜を育てる牧草地を減少させ耕地面積を広げるという対処方法を余儀なくした。「少なくとも一二世紀以来、小麦畑が拡大し、それがもたらす新しい耕作とともに、都市と田園の食糧の違いが増した。一三世紀から一四世紀の初めにかけて、資料ははっきりと、イタリアの都市の住民は小麦粉で作られたパンだけを食べると示している。」★50「穀物耕作地の拡大は牧草地、狩猟地、林を犠牲にして行われた。つまり、庶民の食材における穀物比率の増加を示し、食糧の多様性や肉食の割合は増えなかった。」★51庶民の食糧供給を安定させるには牧草地や狩猟地を削減し、家禽やジビエを食べる量を減らし、パンを確保するやり方がとられた。「人口の増加を支えるために、牧畜は穀物耕作地に場を譲る必要があり、庶民の間では肉の割合がパンの割合にくらべて小さくなる必要があった」★52。貴族や富裕層は小麦を食べる。豆類を含めた雑穀類はポタージュやスープ、ガレットやブイヨンなどにされ、農民の食事となる。彼らにとってはパンの代用品である。パンはあくまでも小麦のことなのだ。

白パン（小麦）の日常的消費は、都会の人と田舎の人を区別し、上流階級と農民を区別する。「彼ら（貴族とブルジョワ）は農民と同じパンを食べなかった。裕福な人の白パン、貧困者の黒パン、その対立はよく知られている。」[★53] 白パンはふすまと呼ばれる表皮の部分を除去した小麦のパンであるが、そのふすまが残っていたり、あるいは小麦以外の穀物で作られるパンは黒かった。色の問題である。

ここで強調しておきたいのは、白パンと黒パンの消費が社会階級を表すことである。精製して黒い部分を取り除かれた軽い白パンは、富裕層が食べ、ふすまが残る胃に重い黒いパンは貧困層が食べた。都会と田舎も区別される。パンはフランス人にとって社会的・文化的差異の要因となる重要な食材であった。

パンの食べ方の違いは、人々の健康維持にどのような影響を与えていたのであろうか。舟田は、「貴族のようにフルコースで数十品の料理を食べられれば、摂取する食品は豊富になるので、白パンでもよいかもしれない。しかし仮に、中世の庶民が幸か不幸か白パンを食べていたとしたら、ビタミン、ミネラル、食物繊維が不足するのはあきらかである。黒パンは頑強な身体をつくるために、野菜不足を補う栄養源だった。貴族の白パン用の粉を、ふるい落とした残りかすで、庶民は貴族のパ

図6　上図は白パンのバゲット、下図は黒パンでふすまが入っている（筆者撮影、2024年）

ンよりずっと栄養価の高いパンを食べて、生き延びてきたと言ってもよいだろう」[54]と説明している。

フランドランは次のように言う。「確かなことは、パンが人間の糧であるものの中で第一位を占めていることである。肉などは、ソースで装い、味付けをされ、美味しいかもしれないが、しばしば食欲をなくさせ、飽きられる。パンだけは健康にも病気にも決して嫌われることはない。」[55]また、「肉は、パンがなければ、美味しくても、健康に益することがない。パンはその善良さによって肉の悪徳を矯正し、美徳を助ける。だからこそ、〈肉はパンと一緒だと美味しく益がある〉という諺がある。」[56]

このフランドランの指摘は、食材としてパンと肉が対立しており、パンは美徳を、肉は悪徳を表象している。その理由は、肉はソースで味付けされ一時的に美味しいかもしれないが、その美味しさは見かけにすぎない。味付けされた肉はその味付けの濃淡あるいは消費者の好き嫌いを誘発して、すぐに飽きられてしまう。しかも健康によくない。しかしパンは味付けされていないので、飽きられることなく、健康を損なうことなく肉体を維持する主食として毎日食べられる。そのニュートラルな味覚は、パンとともに食べられる肉を逆に引き立ててくれる。引き立てる以上に、「悪徳」を矯正する役割をもつ。だから肉はパンとともに食べなければならない。これは肉を食べる口実でもあり、またパンを食べる口実でもある。このように「食べること」に「モラル」を関連付けることによって、フランス人あるいはヨーロッパ人はパンを最高の食材とみなしてきたのである。

＊＊＊

フランスにおけるパンを考察してきた。まず、フランス人はギリシア・ローマの「パンを食う人」の歴史を引き継いだ。パンは、生の自然な食材をそのまま食べる「野蛮な」人と、知恵を使って粉にし、練り、火によって焼くという加工ができる人の区別をする大切な基準であった。中世には、パンはトランショワールと呼ばれ食べられる「皿」の役目をしていた。トランショワールはもともと建築材の一部を指す用語であり、室内に置かれた一本脚のテーブルに似ているところから、すぐに食卓ができ、そのうえで切り分ける台皿という語源をもつ。つまりパンは食器も指し、しかも使用後は貧しい人に与えることで慈善の要素になっていた。フランスパンの硬い皮（外皮）は、焼きあがったとき柔らかい内側の部分を守る役目があった。一般庶民において自家製パンを作るには経済的・時間的負担も大きく年に数回しかパンを焼かず、一旦焼いたパンはすぐに硬くなり、硬くなったパンは道具を使って割って食べていたほどであった。硬いパンを食べる人には、しだいに精神的な強さが備わっていった。

一八世紀のパンの種類は多く、色、生地、素材、用途などの違いによって呼称があった。[★57] パンの栄養的価値は、二〇世紀にならないと話題にならない。町のパン屋に求められる誠実さは、厳しいものがあり、『レ・ミゼラブル』のジャン・バルジャンのように、パンを盗んだその罰は、最初は牢獄で、後半は人への奉仕によってまさに一生をかけて償うものであった。この物語の主人公は、他の食材ではなく、道徳、精神、慈善的価値を象徴するパンを盗む必然性があったとさえいえよう。また、白パンと黒パン、パンの色の違いは、社会階級を表象するものであった。フランスでは誰でもパンを食べられる。それは社会の誰もが知っている。農民が白パンを食べてはいけない規則はなかったが、経済的困窮により、パン窯もパンを捏ねる時間もなかったのである。農民は一九世紀、二〇世紀になっても穀類を混ぜて粥状にして食べていた。フランス人にとって、パンはモラル（精神道徳）を支える重要な食糧である。肉を食べるには必ずパンを食べる必要がある。それは少しでも肉を食べているという「罪」を和らげるためである。悪徳を美徳に変えるためである。パンはマジックだ。奢侈・傲慢を少しでも浄化するため禁欲に寄与している。

ルーベルは次のように語る。「自国のパンに対するフランス人の自信を初めて誇らかに記したのは、ニコラ・ド・ボンヌフォン（ルイ14世の従者で料理書を出版）で、1651年のことである。彼は著書「田園の楽しみ *les Délices de la Campagne*」のパンのレシピの序文で、こう述べた。「すべての国の人々が合意している。パリでは世界最高のパンを食べている、と。」フランスの世論は変わっていない」[★58]。

フランスパンの色、形状、硬さ、食べ方などの歴史を通して、フランス人とパンの密接な繋がりが少し見えてきたのではないだろうか。現代生活においてフランスのパンの消費量は減少傾向にあるようだが、それは世界的な傾向でもある。それでもパンはフランス人にとってなくてはならないものであろう。

註

★1 FAOSTAT, https://www.fao.org/faostat/en/#data, 二〇二一年二月二四日閲覧

★2 須田文明「フランスにおける小麦＝パンのフードシステム」『［主要国農業戦略横断・総合］プロジェクト研究資料』第6号第5章、農林水産政策研究所、二〇一八、一‐四三頁

★3 同上、三二頁

★4 同上、三五頁

★5 同上、三九頁

★6 *L'Encyclopédie* 百科全書の共同デジタル改訂版（二〇一七）http://enccre.academie-sciences.fr/encyclopedie/ フランス国立科学研究センター（CNRS）ピエール＆マリー・キュリー大学などが共同で開発したオープンアクセスのサイトを使用する。（二〇二一年二月二四日閲覧）

★7 ホメロス『オデュッセイア』上巻、第九歌、松平千秋訳、岩波文庫、二〇一〇、二二三頁

★8 同上、第十歌、二五二頁

★9 スパイヴィー、ナイジェル＆スクワイア、マイケル『ギリシア・ローマ文化誌百科』上巻、原書房、二〇〇七、二一四頁。スパイヴィーとスクワイアはケンブリッジ大学のギリシア・ローマ研究者である。

★10 吉田敦彦『オデュッセウスの冒険』青土社、二〇〇九、六三頁

★11 Bresciani, E., « Nourritures et boissons de l'Égypte ancienne », *Histoire de l'alimentation*, sous la direction de Flandrin, J.-L. & Montanari, M., Fayard, 1996, p.65.

★12 舟田詠子『パンの文化史』朝日新聞出版社、一九九八、八八頁

★13 Spanò, Gianmmellaro, A., « Les Phéniciens et les Carthaginois », *Histoire de l'alimentation*, op.cit., p.86.

★14 Ibid., p.110.

★15 Ibid., p.108.

★16 Ibid., p.65.

★17 Ibid., p.107.

★18 Sassatelli, G., « L'alimentation des Étrusques », *Histoire de l'alimentation*, op.cit., pp.185-186.

★19 Flandrin, J.-L., « L'alimentation paysanne en Économie de subsistance », *Histoire de l'alimentation*, op.cit., p.607.

★20 谷澤容子、中谷圭子、畑江敬子「フランス人の日常食についての実態調査－1993年ストラスブールの主婦の場

合―」『日本調理科学会誌』三五巻四号、二〇〇二、三七五―三八一頁。この研究は一二一名の主婦（二〇代～六〇代）を対象とし、三日間の食事アンケートを取ったものである。スープの中身については「ほとんどが野菜スープであり、ジャガイモ、ネギ、ニンジン、カブ、タマネギ、セロリ、サヤインゲン、ズッキーニ、ニンニク、カボチャ、パスタ、トマト、レンズ豆などのうち4種類ぐらいが使われていた。その他材料として、生クリーム、魚、挽肉、米、キノコ、カラス麦、オートミール、挽き割り麦、卸チーズの記述も見られた」とある。夕食の品数が少ない分、スープで栄養が取れるように具が多いのが特徴である。

★21 舟田、前掲書、二二八頁

★22 タナヒル、レイ『美食のギャラリー　絵画で綴る食の文化史』栗山節子訳、八坂書房、二〇〇八、九六―九七頁

★23 同上、六三頁

★24 舟田、前掲書、四四頁

★25 Rambourg, P., *Histoire de la cuisine et de la gastronomie françaises*, Éditions Perrin, 2010, p.104.

★26 Ibid., p.102.

★27 *L'Encyclopédie*, op.cit.

★28 Écouen (95), château, étage, appt du connétable, https://commons.wikimedia.org/w/index.php?curid=25330399 二〇二二年三月一五日閲覧

★29 Alexandre-Bidon, D. & Mane, P., « À table au Moyen Âge », Exposition présentée à la Tour Jean sans Peur, 2015, p.6.

★30 Flandrin, J.-L., op.cit., p.604.

★31 Ibid., p.605.

★32 Ibid.

★33 一リーブルは約五〇〇グラム

★34 Flandrin, J.-L., op.cit., p.605.

★35 Kaplan, S. L., « Il faut sauver la culture du pain », *La Vie*, publié le 22. 01. 2020. https://www.lavie.fr/ma-vie/sante-bien-etre/steven-l-kaplan-il-faut-sauver-la-culture-du-pain-3158.php 二〇二二年三月一〇日閲覧

★36 Alexandre-Bidon, D. & Mane, P., op.cit., p.16.

★37 Alexandre-Bidon, D., « La cuisine au Moyen Âge », Exposition présentée à la Tour Jean sans Peur, 2009, p.5.

★38 Hugo, V., *Les Misérables*, 1e partie, Fantine, Hachette, Paris, 1881-1882, p.17, Source gallica bnf.fr/BnF, 二〇二四年一二月二六日閲覧

★39　舟田、前掲書、一八八頁

★40　Hugo, op.cit., p.260.

★41　Flaubert, G., « Un cœur simple », *Trois contes*, bnF Gallica, texte établi par Peter Michael Wetherill, https://flaubert.univ-rouen.fr/œuvres/œuvres-publiées/trois-contes/, 二〇二一年三月一〇日閲覧

★42　Maupassant, Guy de, « le vieux » *Contes du jour et de la nuit*, C. Marpon et E. Flammarion, 1885, p.120. https://gallica.bnf.fr/ark:/12148/bpt6k1031357/f7.item, 二〇二一年三月一〇日閲覧

★43　*L'Encyclopédie*, op.cit.

★44　Ibid.

★45　舟田、前掲書、二四八頁

★46　Kaplan, S., L., « Les temps du pain dans le Paris du XVIIIe siècle » d'après la traduction de Jeannine Routier-Pucci, pp.235-271, *Le temps de manger*, Editions de la Maison des sciences de l'homme, 2017, https://books.openedition.org/editionsmsh/8152#:~:text=En%20règle%20générale%2C%20on%20comptait,disait%20un%20proverbe%20de%20boulanger. 二〇二一年三月一〇日閲覧

★47　アントワーヌ＝オーギュスタン・パルマンティエ（一七三七－一八一三）。フランスの薬剤師、ジャガイモ研究家、普及者として知られる。詳細は第4章を参照。

★48　一般的にフランスの宮殿・館などにおいて厨房は、備蓄品とともに地下あるいは別棟に配置された。

★49　Montanari, M., « Structures de production et systèmes alimentaires », *Histoire de l'alimentation*, op.cit., p.288.

★50　Cortonesi, A., « Autoconsommation et marché : l'alimentation rurale et urbaine au bas Moyen Âge », *Histoire de l'alimentation*, ibid., p.420.

★51　*Histoire de l'alimentation*, Ibid., p.551.

★52　Ibid.

★53　Flandrin, J.-L., Ibid., p.604.

★54　舟田、前掲書、二三二頁

★55　Flandrin, J.-L., op.cit. p. 603.

★56　Ibid.

★57　現在、フランスパンを代表するバゲットは、一七世紀ごろから細長いフルートの形をしたパンでフリュートと呼ばれていた。パリでパンの外皮にクープを入れた「フリュート・クルヴェ」（切り込みを入れたフリュート）が出現し、

パンの表面積が増したというので大評判となる。一九二〇年にフィガロ紙が「香ばしいバゲット」という言葉を使い始めたのが最初という。Birlouez, E., *Que mangeaient nos ancêtres ? De la préhistorique à la première guerre mondiale*, Éditions Ouest-France, Édilarge SA, Rennes, 2019, p.87.

★58　ルーベル、ウィリアム『パンの歴史』堤理華訳、原書房、二〇一三、一〇三頁

4

ジャガイモとフランス

La France et la Pomme de terre

ジャガイモを一度も食べたことがない人はほとんどいないだろう。ムギ、コメ、トウモロコシと並んで、世界においてこれほど普及し安定的に供給されている食材は見当たらない。ヨーロッパはもちろんアジア、オセアニア、北中南アメリカ、アフリカに至る国々において、食用、飼育用、種イモ用、加工食品用、輸出用などとして栽培されている。寒冷地を好むが、秋植えなど季節をずらせば暑い国でも栽培可能で、育てやすく四か月くらいで収穫でき、季節を問わず食べられる。湿気の多いところを除けばプランター、狭い庭、広い耕地、痩せた土地などどこでも植えることができる。しかし、疫病にかかりやすい。一九世紀アイルランドのジャガイモの凶作を契機とした飢饉はよく知られている。

ジャガイモはナス科の多年草で、南アメリカのアンデス山地が原産といわれている。一六世紀にスペイン人がヨーロッパへ持ち帰って世界各地へ広まった。ジャガイモの他にもトウモロコシ、トマト、カボチャ、サツマイモ、インゲン豆、トウガラシなどがアメリカ大陸から大西洋を渡ってヨーロッパへ伝わった。

ジャガイモの受容は、ヨーロッパ諸国によって差があるとフランドランは述べる。

ジャガイモの栽培は地域によって非常に異なっている。一五七三年、セヴィリア（スペイン）のラ・サングル病院の購入リストに登場した。次はシャルル・ド・レクリューズが一五八〇年、オランダに持ち込み、そのとき羊肉とジャガイモの煮込みは一六世紀後半すでにイタリア人に愛されていたと書いている。一六〇〇年、オリヴィエ・ド・セールはアルプス地方のいくつかの場所でジャガイモを見たと書いている。これらとはまったく異なった受容をしたのが一七世紀アイルランドだ。アイルランドで栽培されたジャガイモはやがて主食になる。イギリスのランカシャー地方や西ヨークシャー地方でも同様に栽培される。次はプロイセン——そこで捕虜となったパルマンティエが一八世紀にジャガイモを発見するのだ——そして東フランス等々と続く。[★1]

ジャガイモがヨーロッパに入ってきたとき、最初は葉と白い花が鑑賞用として愛でられていた。塊茎の部分は主に家畜の飼料あるいは奴隷たちの食事用であり、一般の人々の口には合わなかった。ジャガイモが他の野菜と同等に食材としてヨーロッパで認められるのは一九世紀になってからであるが、それは困難を伴った。現在では世界中で食され愛されているジャガイモが、ヨーロッパ、特にフランスにおいて食材と認識されるのに、なぜ長い年月がかかったのか。

そのことを理解するため、まずジャガイモと飢饉の関係を紐解き、次にフランスでのジャガイモの受容、そして一八世紀の百科全書における解釈、続いてジャガイモをフランスに普及させることに貢献したアントワーヌ＝オーギュスタン・パルマンティエの功績、最後にミレーとファン・ゴッホの絵画を見て、一九世紀のフランス人のジャガイモ受容を概観していきたいと思う。

1 ジャガイモと飢饉

フランスのブルボン王朝は、一五八九年アンリ4世によって創始されフランス革命まで約二百年続く。一七世紀、一八世紀の絶対王政期には海外での領土拡大と華やかな宮廷文化の創出によってフランスはヨーロッパの中心となり、諸国の要人を受け入れ、権力を象徴する文化・芸術が誕生し、それらは各国宮廷の模範となった。一九世紀になって、一八一五年の復古王政により一五年ほどフランスは君主制を維持するが、シャルル10世が最後の国王となる。

一方で、ヨーロッパの一六、一七、一八世紀は、飢饉や疫病が多く発生し、戦争が何度も起きた。一六六〇～一六六二年は天候不順のため農作物の収穫が極端に悪く、小麦の価格が高騰した。この飢饉は一七世紀において最悪の飢饉となった。ちょうど宰相マザランが一六六一年に亡くなり、ルイ14世の親政が始まったときである。一六九三～一六九四年の大飢饉の際は厳冬の中、収穫物がなく疫病チフスが流行って多数の死者が出た。一七〇九～一七一〇年の大飢饉は、スペイン継承戦争の最中に発生した。ナポリでは一七六三年は「飢饉年」と呼ばれ、一七六四年は「悪性腸チフス年」と呼ばれた。[★2] フランスでは一七六九～一七七〇年も大飢饉の年であった。一八世紀のフランスは、周期的に食糧不足や飢餓、農作物を襲う菌の発生やそれに伴う疫病が蔓延した。[★3]

飢饉や疫病が発生する原因はたびたび起こる戦争にもある。一六一八～一六四八年に起こったドイツ三十年戦争は、スペイン、フランス、ローマ教皇、イギリス、ロシア、デンマーク、スウェーデンなどヨーロッパの国々を巻き込んだ宗教的政治的戦争であった。そのとき飢饉が発生し人口は激減した。「一七世紀は戦争に明け暮れた百年」であり、一八世紀になってもフランスは戦争を起こし他国に介入した。そしてフランス革命でも多くの人命が奪われた。

特に戦争は諸悪の根源であった。なぜなら、戦争はいわば不可避的に他の二つの悪を伴ったからである。すなわち、戦乱による破壊と荒廃はしばしば飢饉の元凶になったし、不衛生な軍隊は動きまわるごとに疫病をまき散らしたからである。そして飢饉は、間接的に疫病の流行を助長することによって、死者の数をさらに増やした。というのは、飢饉のときには、貧しい人々は、栄養失調のために病気に感染しやすいと同時に抵抗力も弱くなっており、しかもそのような折りに、飢餓と空腹に堪えかねて、普段は摂取したこともないようなものを食べたり飲んだりして病気になり、命を落とすことがよくあったからである。現実の死者の数という点からいえば、直接の戦闘による犠牲者よりも、戦争の間接的結果としての飢饉の発生と疫病の蔓延による犠牲者のほうが、一般的にはずっと多かった。[★4]

このように戦争と飢饉と疫病は相互に関連していた。それでも一七世紀、一八世紀に横ばいであったヨーロッパの人口は、一八世紀後半から増加傾向を示す。そして一九世紀に爆発的に増加するのである。その背景にはさまざまな要因があったが、トゥートベールとフランドランは、以下のように農業革命と産業革命を大きな要因としてあげている。

一八世紀における新しい食材——特に地方によってはトウモロコシとジャガイモ——は人口動態への根本的な要因の一つである。他にも二つほど重要な要因がある。一つはヨーロッパ各地で多少の時期のずれがあるにせよ起こった農業革命である。もう一つは産業革命に直結する交通革命（鉄道、蒸気船など）が経済システムを転覆させ、農業依存型経済から市場型経済へと舵を切ったことだ。★5

高木正道は、その二世紀前の一六世紀と比較して、一九世紀におけるヨーロッパ諸国の戦争数の激減を指摘し、また一八世紀の農村家内工業への農業形態のシフトという社会背景に言及しながら、飢饉終息の要因の一つにジャガイモ栽培をあげている。「宗教改革からフランス革命の時代までに、幾度となく飢饉に襲われた時期があったけれども、最後の大きな飢饉による災害の一つは、1770年から72年にかけてのことであった。（…）そしてこのときの飢饉をきっかけの一つとして、それ以後ヨーロッパにジャガイモの栽培が普及していったといわれている。★6」

このように戦争、飢饉、疫病、人口動態というキーワードに関係するのが、ジャガイモである。ではこの大西洋を渡ってきた野菜がどのようにヨーロッパの食文化にかかわっていくのか見てみよう。

ジャガイモがアメリカ大陸からヨーロッパに入ってきたことは、すでに述べた。ジャガイモのヨーロッパへの移入ルートについてはさまざまな説がある。アンドルー・F・スミスは、上述のフランドランと同じく、一五七三年、スペイン南部のセヴィリアの病院でジャガイモが食べられていた記録を最も古いものとしてあげる。さらに「ジャガイモは１５７０年代にはイタリアで、１５８１年までにドイツで、そしてそのすぐ後にスイス、フランス、ネーデルラントで栽培されるようになった。[★7]」「１７１５年には、オランダ、ライン渓谷、ドイツ南西部、およびフランス東部全域で食用ジャガイモの栽培が定着していた。１７３０年代にはデンマークやスウェーデンの貴族の庭園で、１７７０年代には庶民の庭でも栽培されるようになり、19世紀を迎える頃にはデンマークとスウェーデンでも農作物になっていた。[★8]」「ジャガイモは17世紀後半には北米大陸に伝わっていたが、農作物として栽培されるようになったのは、18世紀中ごろにスコットランド系アイルランド人がアイルランドからニューイングランド地方にジャガイモを伝えてからで、そこから全米各地に広まった。[★9]」

レイ・タナヒルは、スペイン人はアンデスの冷涼な高地で奇妙な野菜ジャガイモを発見したといい、フランドラン、スミスと同じく一五七三年をスペインでのジャガイモ栽培年と見做す。「一五七三年になるとジャガイモはスペインでも栽培され、一五八八年には当時スペインの支配下にあった北海沿岸の低地帯でも知られていた。ドイツの料理書にはすでにジャガイモのレシピが掲載されている。一五九八年にはスイスで女性による料理書が初めて出版されたが、同書には今日でもスイスで愛されているジャガイモ料理、フライド・ポテトのレシピが出ている。

イタリアでは最初はこの新種の野菜はほとんど使われなかった。一五八四年にドレイクがヴァージニアから持ち帰った見本は、イングランド南部でも同様にほとんど顧みられなかったものの、アイルランドでは栽培が盛んになり、すぐに普及した。そして当面栽培はそれ以上には広まらずフランスではほとんど二〇〇年間というもの、後にディドロが「植民地での栽培にはおそらく価値があると思われるエジプトの果物」と述べることになるものには、用がなかった。」[★10]

山本紀夫は、フランドラン、スミス、タナヒル同様、一五七三年をスペインでの最初のジャガイモ栽培年とする。[★11] そして「ドイツにはジャガイモは一六世紀の末に伝えられたが、やはり当初は食べ物としてではなく、珍奇な植物として薬草園などで栽培されていた。」[★12]と書いている。

ここで、スミス、タナヒル、山本があげるスイスからフランスへのジャガイモ栽培移入ルート、フランドランがあげるフランスの農学者オリヴィエ・ド・セール（一五三九－一六一九）がアルプス地方でジャガイモを見たという記述について、ド・セールの『農業地と耕地管理』*Le Théâtre d'agriculture et mesnage des champs*（一六〇〇、図1）に書かれているジャガイモの項目を確認してみよう。ド・セールは、現在のオーヴェルニュ・ローヌ・アルプ地方のアルデーシュ県で生まれ、県南部のプラデル村で農場を購入し、農業に励みながら上述の著書を書いた。ド・セールは、ジャガイモをカルトゥフル cartoufle と呼び、次のように述べる。「カルトゥフルと呼ばれる小灌木で、同じ名前の果実を実らせ、トリュフに似ているので、そう呼ぶ人もいる。スイスからドーフィネ地方（フランス）へ最近入ってきた。（…）誰もこの植物の生育に手間をかけない。ひとりでに育ち、季節がきたら収穫する。そういった点でトリュフに一致している。カルトゥフルは形がトリュフに似ている。色は異なり、トリュフより明るい色である。表皮はでこぼこしておらず、滑らかで肉感的だ。以上が二つの異なる点である。味に関して料理人は二つを比較して、それほどの違いを見出していない。」[★13]（カッコは筆者）中略した部分には、ジャガイモの種播き方法、収穫時期、保存方法、ネズミに注意することなどが書かれている。ジャガイモとキノコのトリュフが似ているのは形状と地中で育つことである。現在、ジャガイモは、フランス語で、ポム・ド・テール pomme de terre と呼ばれている。ド・セールがカルトゥフル cartoufle と呼んだのは伝播ルートに由来する。これについては、後述するオーギュスタン・パルマンティエが論文を提出したブザンソン市文化遺産局が次のように書いている。「イタリア語の名称タラトゥフリ taratouffli（小さなトリュフ）の影響で、ドイツ語のカルトッフェル Kartoffel もイタリア語から派生しており」[★14]、それがフランス語になまったものがカルトゥフルなのである。しかしド・セールの貴重な記録も一九世紀にならないと再考察されず、フランス人は貴族も料理人も

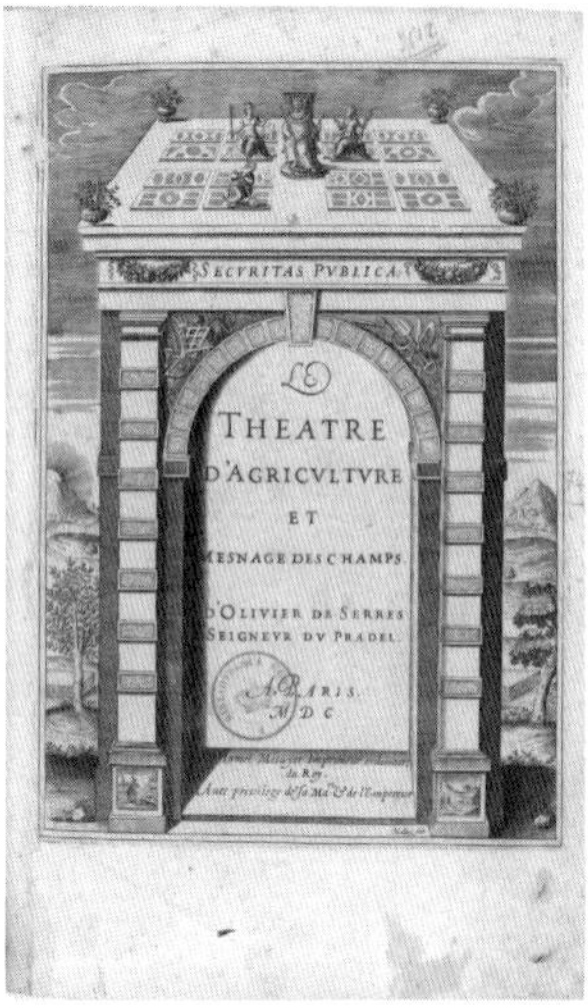

図1　オリヴィエ・ド・セール『農業地と耕地管理』de Serres, Olivier（1600）, *Le Théâtre d'agriculture et mesnage des champs,* Source gallica.bnf.fr / BnF

ジャガイモに関心を示さないのである。

さらに、フランスの政治家であり浩瀚な知識をもつジャック・アタリは「一五七〇年ごろ、ペルーのジャガイモがヨーロッパに登場した。ジャガイモは、イギリスで家畜の餌として使われた後、フランスにもち込まれた」[★15]と説明している。

これらを総合的に考えると、一六世紀後半にまずスペインに伝わったジャガイモは、さまざまなルートでヨーロッパ各国に入ったが、フランスにはスイスあるいはドイツから、つまりフランス南東部あるいは東部に伝えられた。すぐには庶民の食用として普及せず、家畜の餌あるいは薬草用に用いられる。動物と人間は食べるものが違うのだ。一方、アイルランドでは一七世紀にすでに農民の食糧として重要な食材となっており、一八世紀にはしだいにヨーロッパの他の諸国でも食用になっていったと考えられよう。

2 フランスのジャガイモ受容

フランスでのジャガイモの受容については、まず百科全書（一七五一―一七七二）[★16]を読んでみよう。ジャガイモ pomme de terre の項目を見ると、ジャガイモは根塊 racine であると書いてある。「球根状で細長く、不ぞろいで太いものもあればこぶし状のものもあり、褐色あるいは赤色あるいは黒色の皮で覆われた根であり、中は白く食べられる。」そして「この茎が毎年朽ち果てる植物は、アメリカのヴァージニアからイギリスへ持ってこられ、そこからヨーロッパ全土に広がった。非常によく繁殖する。ナス科の植物の中でトマトとナスは唯一食用が悪い効果を与えないものである。」★17 それでは、ラテン語で solanum、フランス語で morelle と呼ばれるナス科の植物とはどのようなものであろうか。

morelle の項目を見てみよう。morelle と呼ばれるナス科の植物は花が咲いて「花の真ん中から釘のように雌しべが萼から聳え立つ。この雌しべは水分が多い、長細い、楕円状の実をなし、熟すると鮮やかな深紅になり、粘り気のある不快な風味と平たく白い小さな種子をたくさん持つ」、「トスカーナの婦人たちは、マッティオリ★18 の時代に果実の汁をポマードにし、口紅として使っていた」とある。

ズルカマラ morelle ou douce-amère は「単弁でバラの形状をした花でかなり深い裂け目のある葉をした植物」、「花は小さく不快な匂いがするが見ると美しい」とあり、「水あるいは白ワインの中で茎を煎じて飲むと黄疸や慢性の肝臓疾患に大変よく効く」とある。また「浮腫性疾患の人から水を抜くときに用いる」とも書かれている。イヌホオズキ morelle à fruit noir は「胃炎、尿炎、赤痢などに効くという医者もいるが、毒性が強いのでお勧めできない」、また「その房の実を食べると激しい痙攣をおこす」とある。ジャガイモはこのナス科の植物に分類され、その中で唯一食べられるとみられた。

このように一八世紀当時すでにフランスで知られていたナス科の植物は、食用ではなく主に薬用効果があるとみなされていたことがわかる。ジャガイモと同じころヨーロッパに入ってきた同じナス科のトマトは、morelleではなく「果実」fruitと書かれており、スペイン人は南アメリカのギニア沿岸で食べ方を習い家庭菜園で栽培したという。数年後には、フランスのラングドック地方やプロヴァンス地方で食されていた。ジャガイモに比べるとトマトはヨーロッパ人に早くから食用で美味しいものとして受け入れられたようである。

オリヴィエ・ド・セールは、ジャガイモを「実」fruitと呼んでいたが、百科全書では「実」と呼ばない。トマトとジャガイモの大きな違いは、「実」をなす「植物」としてのトマトと植物の「根」としてのジャガイモである。つまり、地上か地中かの違いである。「根」と呼ぶわけにはいかないので、リンゴpommeのような「果実」の名前を借りて「土のリンゴ」pomme de terreと命名された。百科全書では同じナス科solanumだが、morelleという項目にトマトもジャガイモも載っていない。トマトはtomate、ジャガイモはpommeという項目に入っている。morelleは食べられないが、pommeは食べられる。この項目を書いたルイ・ド・ジョクールは、トマ

図2　ジュヌヴィエーヴ&ニコラ=フランソワ・ルニョー「みんなのための植物学あるいは薬用、食用、芸術用植物のコレクション、注釈付き…」1774、「茎と根はジャガイモを食べることに慣れている家畜や馬などに提供される」p.38.
Source gallica.bnf.fr / BnF

トはスペイン人がアメリカからヨーロッパに持ち込んだと書いているのに対し、ジャガイモはアメリカからイギリスに持ち込まれたと書いている。このような書き方の違いは、同じナス科でもトマトとジャガイモを見る目がまったく異なるからに違いない。ジャガイモは根の部分でグロテスクだ。トマトは地上に実がなって美しい。つまり外見の問題である。

食べられるもののジャガイモの印象は悪い。フランスの上流階級は明らかにジャガイモを見放している。「菜園栽培にすぎなかった。穀物と並んでの畑の栽培など、まだ遠い夢。しかも、栽培に手を染めたのは植物学者や研究家だけ。それも自前の菜園ではなく、貴族や裕福なパトロンの庭園を借りての細々とした栽培に過ぎない。」[★19]

図2は一八世紀の植物学者ニコラ＝フランソワ・ルニョーの版画である。ジャガイモは家畜用と書かれている。

アメリカから入ってきたジャガイモがヨーロッパで普及しづらかった原因の一つに、思想が関係している。

中世の思想家たちに引き継がれたアリストテレスの『自然学』によると、宇宙は垂直な組織の恩恵を受けている。つまり最も上にいる神から最も下にあって動かない物体まで。植物と動物は食物を形成し、この両極の間を分割している。「存在の大いなる連鎖」grande chaîne de l'être における階級はそれらがどこから出て、どういう運動をしているかに依っている。最も高価値であるのは火であり、次に空気、水、土と続いている。したがって魚は四足動物よりも評価が高く、果実は地中で育つ野菜より好まれているのである。[20]

食事の中で最も価値あるものは鳥類など羽を持ち、空を飛ぶジビエであり、地中ではなく、水中で生きる魚が地上を走る四足動物よりも高貴であり、果実は地上から離れて熟すので、地面を這う野菜よりも階級が上という考え方は興味深い。このようなギリシア哲学の思想を継承したヨーロッパの人々が、地中で育つジャガイモを食べ物の仲間に入れようとしなかったのもうなずけよう。

3　パンとジャガイモ

ジャガイモがヨーロッパで最も遅く普及したのがフランスである。それはフランスではパンがまず主食であり、貴族の間でも庶民の間でも食べ物として最高位に君臨していたからだ。パンには「生活の糧」という基本的な意味と、穀物（種子）の粉を練って焼く食糧、という意味がある。日本でもご飯という言葉が一般的に食事を指すときと、コメを炊いた白飯を指すときがあるのと同様である。

〈みんなパンを食べる〉という表現はひとつの言い回しである。実際、基本食をパンと呼ぶ習慣があったし、成功でも不成功でも、人々はあらゆる種類の穀物、雑穀類、野菜類、果物類をパンにしてみようとした。ブルターニュ地方はそば粉（これは穀物ではない）を田舎パンに入れていた。一六世紀のガスコーニュ地方ではアワやパニックグラスの実（キビ）でパンを作ろうとした。（…）アルザス地方では、一七七三年に民事裁判官であったヘルは次のように書いている。「農業従事者はジャガイモと大麦を混ぜていた。三分の一くらい小麦を混ぜるとよい香りがした。」★21

こうしてフランスで、小麦が不足して食料危機になると、パンの代わりになるものを探した。飢饉が多く発生した一八世紀（ザッカーマンによると一六回）にはあらゆる食材でパンを作ろうとした。パンの代用品である。しかしフランス人はジャガイモでパンを作るのを嫌った。ジャガイモの芽や緑色の部分にはソラニンという有毒物質が入っていることも、また聖書には載っていない食材でもあったことも理由だが、何よりも形が気に入らなかったのである。

「門外漢にとって（…）見た目はすべてぞっとするほどの怖さだった。ほかの食用植物はすべて種により再生する。だから怖くない。それなのに、この塊茎は化け物か？　きっと悪魔がこの魔術を操っているに相違ない。★22　次は茎だ。トマトのそれに似ている。花はなすの真似としか見えない。実はマンドレーク（ナス科の有毒植物）やイヌホウズキにそっくり。この異形が積み重なると、じゃがいもはまさに悪魔の化身と見えた。」★23

つまり、種を播いてそれを収穫して食べるものと、球根を植えてそれを収穫して食べるもの

4

とは異なるというのである。小麦は特に貴族が、大麦、カラス麦、ライ麦などは農民たちが食べた。このような食事をしていたヨーロッパ人にとって確かにジャガイモの発芽・栽培は珍しかったに違いない。

「「農夫たちは植えるだけ、あとは自然に任せほったらかす、それで充分な収穫が見こめる、しかも何と不愉快な作物、こんなもの絶対に我慢できない」というわけだ。それに「ものぐさ苗床」という言葉には、ヴィクトリア朝時代人がもっとも憎んだ「怠惰」という感情への連想があった。[★24]」

フランスの料理研究家・歴史家のパトリック・ランブールによると、一八世紀は穀物危機の傾向が顕在化し、民衆階級はパンpainとブイイbouillie（粥、ポリッジ）を主に食べていたという。田舎では肉はほとんど手に入らなかった。

すでに一五四〇年代にはシルヴィウスと呼ばれるジャック・デュボワ医師が、貧民の食事について四つの論文を書いた。シルヴィウスにとって「貧民は特別な食事をしている、おそらく重く不消化な、しかし彼らの体格には完璧に適応している。（…）消化しにくいすべてのものは消化しやすいものより栄養豊かである。重く粗末な食べ物は粘液質の体液と濃い血液を作り、労働者にはより滋養があり、より豊かだと評判だった。[★25]」

この一六世紀の著名な解剖学者についてのランブールの報告は興味深い。上流階級の者は消化しやすい軽い食事をしているのに対して、貧しい者は消化しにくい重い食事をしている。貧しい者とは労働をしている農民たちである。重い食事とは消化が悪く、胃腸など消化器官にもたれる食べ物である。粘々した体液と濃い血液が労働者の滋養となるという考え方をしている。労働者・貧者の体格とエネルギーは消化に悪い重い食糧によってもたらされる。つまり彼らのがっしりした強い体格形成は、重い食糧によるのである。[26]

一方、フランドランによると、一八世紀の初め、モーグ博士がアルザス人は濃厚な食べ物 nourriture épaisse を食べる習慣があり、そのせいで彼らは健康を損なっていると発表しているという。「博士はとりわけ、蒸留酒 l'eau-de-vie に病気への抵抗力、傷をいやす力、消化を助ける力、寒さや疲れやきつい労働に抵抗する力、とくに朝しっかりと仕事に出るための力を認めていた。[27]」アルザス地方で、一六九七年以降、頻繁に穀物蒸留禁止法が発令されており、そのことは逆に言うとアルザス人がブドウの搾りかす、果実特にチェリー、そしてのちにはジャガイモの蒸留酒を作って飲んでいたことの説明にもなっているとフランドランは解説している。

トウモロコシやモロコシ類、インゲン豆、ソラ豆、エンドウ豆やレンズ豆など豆類、雑穀類、クリなどがパンの代用品となった。しかし、歴史的食糧革命といわれるのは、ジャガイモによってもたらされた。フランスのルーアンでは、『ジャガイモと経済的なパン』という本が一七六七年に出版された。三年後に、『ジャガイモに関する同国人への手紙』という本がやはりルーアンで出版された。そこには、ジャガイモは小麦の欠乏を補い、「小麦で作られた日常のパンの代わりになる食糧」という提案がなされていた。[28]

ザッカーマンによると、一七、一八世紀の農作物の生育環境状態では、地中で生育するジャガイモの方が、地上で生育する麦類などの穀物より優位であった。一八世紀は天候不順で長雨が続き、これが穀物飢饉を発生させる。ところがジャガイモは雨を好む作物であった。「一八世紀の飢饉の多くは、長雨など水分過多の結果だった。その過剰な水分は地中の塊茎よりも地上の穀物の茎の部分を痛めつけた。一七世紀の各地の暴動や侵略、あるいは一八世紀の山賊行為に際しても、地中という保護形態ははなはだ有効だった。地上の穀物や家畜類は容易に略奪の対象となるが、地中のじゃがいもは略奪にも破壊にも頑強に耐えた」という。★29 ジャガイモと穀物では、天候・土壌などの生育環境と収穫法が異なり、それは人々の生活に大きな影響を及ぼした。戦争の侵略者や山賊たちもわざわざ地中からジャガイモを掘り出して持っていかない。山賊からも無視されるジャガイモの食品価値は相当低いと言わざるをえない。

〈経済的なパン〉の味は当然ジャガイモの含有量による。〈食べられるパン〉とは三分の一の小麦と三分の二のジャガイモであった。半々の分量だとパンはおいしい。三分の二の小麦と三分の一のジャガイモだと〈小麦だけでないといわれても、とてもそう思えない〉パンであった。★30

一八世紀から一九世紀にかけて活躍した科学者であり薬学者にアントワーヌ＝アレクシス・カデ・ド・ヴォー（一七四三－一八二八）がいる。彼はジャガイモの栽培を勧めたアントワーヌ・

パルマンティエのよき研究協力者でもあった。自身の著作『人類の友である倹約の友へ、さまざまなパンについて』（一八一六）の中で次のように述べている。「フランス、特にパリで人々が望むのはパンである。」

アメリカ人歴史家スティーヴン・L・カプランは、パンはフランスの人々にとって毎日の物質的象徴的組織の中心であるという。アンシャン・レジームのフランスは当時よく言われた表現を使うと「パン喰らい」どころではなく、パンに憑依されていたとさえ言えよう。フランス人にとって、この世でもあの世でも、パンが一番であり、パンを超える主食はなかった。ジャガイモをジャガイモとして食べることはありえなかった。だから人々はジャガイモを何とかパンにしてみようと試した。パンの代用品にしようとした。逆にいうと、ジャガイモは小麦の代用品としての価値しかなかったといえる。[★31]

4 パルマンティエとジャガイモ

ランブールがルーアンでの出版物を挙げているように、パルマンティエ以前にも、ジャガイモをパンの代用品として推奨する人々はいた。しかし今日、アッシ・パルマンティエなどの料理名にも登場し、ジャガイモと切り離せない人物であるパルマンティエとはどういう人であったのか。アントワーヌ＝オーギュスタン・パルマンティエ（一七三七―一八一三、図3）とジャガイモの関係を紐解いていきたい。

国立フランス古文書館によると、パルマンティエは一八世紀の百科全書派として活躍するには若すぎ、ナポレオン時代に前線で活躍するには高齢すぎ、ちょうど二つの時代の境界に生きた人物だったという。[★32] 彼の生誕年を見ると、フランス革命時に五二歳を迎えている。パルマンティエが革命をどのように生き抜いて「ジャガイモの発見者」という異名を得るようになったのか見てみよう。

フランス北部ピカルディー地方のモンディディエで生まれ、若いころから親戚の薬局で働き、薬剤師の道を選んだ。パリに出るとルイ15世の軍隊で七年戦争（一七五六－一七六三）に参加し衛生部隊の兵役に就く。そのときプロイセン軍に捕らえられ囚人となる。パルマンティエは牢屋の中で毎日ジャガイモを食べることとなる。戦後、フランスに帰国したパルマンティエはオテル・デ・ザンバリッド（廃兵院）の医務室配属となるが、そこで彼は囚人時代に常食していたジャガイモの研究に没頭する。背景にあったのは飢饉である。フランスでは一七六九～七〇年に飢饉が発生しており、ブザンソンのアカデミーが出した「飢饉のときすべて

図3　アントワーヌ＝オーギュスタン・パルマンティエ
Les Grands Agriculteurs modernes, Antoinette-Joséphine-Françoise-Anne Drohojowska, Tours, 1905, Source gallica.bnf.fr/Bibliothèque nationale de France, 2024年9月16日閲覧

の人間の食糧として共通に使える野菜は何か、そしてその使い方はいかなるものか」というテーマに対して、パルマンティエは一七七一年に論文を提出し優勝する。一七七三年、『ジャガイモの成分分析による科学的試験』を出版。その後、彼は軍隊で衛生部隊長を務め、平時にはフランス国民の健康と幸福のために人生を捧げた。

ここで注目したいのは、パルマンティエが書いた数多い著書の中でも一七七三年に出した著作である。まずあらためて当時の人々のジャガイモへの意識を確認しておこう。古文書館の記事を書いたアンヌ・ムラトリ＝フィリップ[★33]は、「フランスではジャガイモはいつも疫病神だ。マンドラゴラやベラドンナと同種とみられ、レプラを発症させると咎められた。ブザンソンの国会はその栽培を禁じ、ルイ13世は食べたが特に喜ばず、チュルゴはリムーザンの農民に食べさせようとしたが無駄だった」と言う。

そこでパルマンティエが書いた本を見てみよう。彼はまずジャガイモの成分分析を行うため、構成成分を抽出する。そのうえでパンにできるかどうかを実験していく。ジャガイモをパンにするというアイデアは、パルマンティエより以前から知られており、また彼自身書いているようにドイツでも行われていた。彼がドイツの女性から教えてもらったのは、小麦三分の一・ジャガイモ三分の二の割合で酵母菌で発酵させるものであった。パルマンティエはジャガイモ一〇〇%、その次に小麦三分の二・ジャガイモ三分の一の比率でパンを作ってみた。その結果「三分の一だけジャガイモが入っているパンはとても美味しく、消化もよく、田舎の人々の食べ物にもふさわしい」[★34]と述べている。

しかしパルマンティエが最も強調しているのは、パンの代用品になるということではなく、石ころだらけの土地でも痩せた土地でも発芽し、小麦や他の穀物が飢饉で全滅する土地でもジャガイモは生育する、しかもその利用法は千とあるという点である。なぜ人は何でもパンにしろというのかわからない。「なぜ最もよい穀物を、粉末にできない果実や茎や根と混ぜ合わせて変質させようとしているのか私にはよくわからない。[★35]」パルマンティエは、小麦と粉末ジャガイモを混ぜ合わせることに成功し、その比率も2対1がもっとも美味であると証明しているが、ジャガイモをそのように使用することが適切かどうか疑義を呈している。

「ジャガイモはいかなる混ぜ物もせずに、さまざまな食べ方ができる食材である。生産には天候も関係ない、なぜならジャガイモは空気にさらされていないし、大地の中で作られるからである。それが収穫時に起こるあらゆる事故から守られている。[★36]」パルマンティエは、当然、自分を含めた戦役中の兵士たちが毎日ジャガイモを食べてもまったく不都合はなかったことも報告する。そして、

> ジャガイモは、料理として数多くの異なる方法で変装し、味付けによって人々が嫌がる野生の味を消してしまう。シンプルに灰の下で焼いたり水の中で煮たり、少し塩を振ったり、バターをつけたり、サラダにもよく、蒸してもよく、ホワイトソースにも、ブラウンソースにも合い、タラやホンメルルーサ（シロガネダラ）とも合い、揚げても、ソテーでも、羊のモモ肉にも合う。七面鳥やガチョウに詰めて焼いたり、コロッケにしてもいい、野菜の

パテにも、ひき肉に入れてもいい。さらに小さなパテもお菓子も作れる、アーモンドパイにさえも変身するから偉大なシェフたちも圧倒されてしまう。[★37]

つまり、ジャガイモが悪いのではなく、それを活用できない人間の方が悪い。実はそのまま焼く、煮る、蒸すことができ、ソースとの相性もよく、魚や肉にも合い、詰め物にもでき、パテやコロッケにも適している。お菓子にもできるのだから、シェフ次第ですばらしい変身をとげる食材であることは間違いない。パルマンティエは、ジャガイモをパンの代用品というだけではなく、またただ食用というのでもなく、工夫してアレンジしてジャガイモの価値を高めるように勧めているのだ。いろいろな薬を調合する薬剤師であったからこそ、一つの食材の使い方を提案できたといえよう。

5 一九世紀のジャガイモ受容

パルマンティエの努力もあって、フランスの食卓には徐々にジャガイモが普及していく。一八〇三年にパリのレストランや食料品店を案内する『食通年鑑』を創刊したグリモ・ド・ラ・レニエール（一七五八－一八三七）は、美食家として、客を招待する家の主人の立場（ギリシア神話の人物にちなんでアンフィトリオンという）から一八〇八年に『招客必携』*Manuel des amphitryons* を執筆する。そこでは、春夏秋冬、季節ごとに異なるメニューを提案しているが、夏の献立を除く、春・秋・冬のメニューには、ジャガイモを使った料理が書かれている。例えば春の献立のアントルメには「ジャガイモのリヨン風」des pommes de terre à la lyonnaise[38]、アントレには「ビーフステーキのジャガイモ添え」des beef's-teack aux pommes de terre[39]、別のアントルメに「アーモンドミルクのジャガイモピュレ」une purée de pommes de terre, au lait d'amandes[40]などが提案されている。

こうして、生産量も消費量も徐々に上がっていくが、人々にはそれでもジャガイモには根強い抵抗感があった。フランドランは次のように報告している。「パルマンティエは、パンをジャガイモで作るよう勧めた。年に二回の穀物収穫の間、休閑地を利用して植えることができ、収穫量も小麦の二、三倍になるジャガイモは、誰もが認める食糧である。しかしヨーロッパの多くの地方で、人々はたとえジャガイモでパンができると知っても、豚の餌を容易に受け入れるほど落ちぶれているとは感じていない。ほぼ全域でジャガイモが受け入れられるのは一九世紀になってからにすぎない。[41]」確かにヨーロッパの大部分の国ではジャガイモやトウモロコシを食べ始めた。それはヨーロッパに入ってきたこれらの食物の価値を認めたからではなく、農業従事者や農民があまりにも貧しくてパンを買えなかったためであり、ジャガイモを食べることを、「進歩として受け入れたのではなかった[42]」。

パルマンティエのあと、一九世紀の中ごろから後半にかけてフランスのジャガイモ栽培はどのように変化したのであろうか。一九五五年『ノルマンディー年報』に寄稿されたガブリエル・デゼールの書いた「一九世紀カルバドス県におけるジャガイモ栽培」によると、ナポレオンの第一帝政時、命令を受けてテンサイ betterave 栽培を始めたが、ナポレオンが退位しても、農民たちがテンサイの代わりにジャガイモ栽培にすぐに取り掛かるようなことはなかったという。彼らにとってジャガイモは未知の作物であり、利益につながる保証などどこにもなかったので、自分の家の庭や周囲で栽培するだけ、つまり家庭菜園で十分だったのである。

そこでカルバドス県の農業組合はあらゆる手段を使って農民にジャガイモ栽培をするよう働きかけたがいっこうに効果はあがらなかった。農業組合が推奨したジャガイモ使用法は次のとおりである。「ジャガイモ三分の二、小麦三分の一の割合でパンを作る、糊を作る、動物のエサにする、壊血病を治す、粉にして焙じたあとコーヒーの代わりにする」[★43]。ジャガイモと小麦のパンにする配分のしかた、2対1は、パルマンティエが推奨した配分1対2ではない。膨らまず小麦の風味が失われるという割合である。パンの代用品以外にもいろいろと使用法があると説いている。しかし農民は数ある料理の一つとしてしか使わなかったし、小麦の値が高騰したとき、しかたなく口にするものであったことに変わりはない。

その風潮が変わったのは、一八四五年、ジャガイモの疫病がヨーロッパに蔓延し、アイルランドにジャガイモ飢饉が起こった年である。このとき、ノルマンディー地方のカルバドス県の早生ジャガイモは品種が違うため無事で、フランス北部の他の地方、イギリス、ベルギー、オランダ、アルジェリアに輸出されたのだ。つまりカルバドス県では、この飢饉の年を境にジャガイモの生産量が劇的に増えた。デゼールの調査では、一ヘクタールの収益をジャガイモと小麦で比較してみると、一八三四～四三年にジャガイモが小麦をわずかにリードしたが、そののち、一八四四～一八五三年には小麦の二倍になり、一八七一～八〇年には三倍に伸びている。フランスの農民はやっとジャガイモが食糧であることがわかったのである。その後、フランスのジャガイモ生産量も消費量も伸びていく。フランドランによると一九三九年に消費量はピークを迎え、大戦後から減少傾向をたどることになる。[★44] これをまとめると、フランスのジャガイモ生産と消費が最も活発であったのは一九世紀後半から二〇世紀前半ということになる。

6 ミレーとファン・ゴッホ

その活性化した時代を証明しているのは絵画である。一九世紀後半に活躍した農民画家を二人あげたい。ジャン＝フランソワ・ミレーJean-François Millet（一八一四－一八七五）はノルマンディー地方のシェルブールの近郊、グリュシーの農家に生まれる。パリ南方のバルビゾンで農民とその生活を描いた。そのミレーの絵に魅了されたフィンセント＝ウィレム＝ファン・ゴッホVincent Willem van Gogh（一八五三－一八九〇）は、オランダの北ブラバント州、フロートズンデルトに生まれ、のちに南仏のアルルに移住し、農民を多く描いた。

まず、二人は、《種をまく人》を描いている。ミレーは一八五〇年、ファン・ゴッホは一八八八年である。ほとんど同じポーズをしていて力強く種を播いている農民像である。（図4、図

5）
《種をまく人》は、小麦の種を播いている農民である。これまで見てきたように、農民にとって穀物はジャガイモよりもはるかに貴重であり、小麦を育て、パンを作っているからこそ、彼らは農民としての誇りを持っていた。ミレーの絵からは、種を播く農民の筋肉の逞しさ、播き方の力強さと英雄性がはっきりと伝わってくる。またファン・ゴッホの麦畑は金色である。広々とした麦畑の一隅にいる農民には土地と切り離せない農民生活および黄金色の麦を育てる自信と英雄性が読み取れる。

次に二人の画家のジャガイモをテーマにした農民たちの絵画を見てみよう。ミレーについては、《ジャガイモの収穫》（一八五五）、《晩鐘》（一八五七）、《ジャガイモを植える人》（一八六二）が有名である。ファン・ゴッホに関しては、《ジャガイモを植える農夫たち》（一八八五）、《ジャガイモを食べる人々》（一八八五）、《ジャガイモの皮をむく農婦》（一八八五）、《陶器の器とジャガイモのある静物》（一八八五）などが知られている。

ミレーは一〇代のころからすでに画家を目指し、パリの美術学校で技術を学び、サロンにも出品する。一八五〇年前後から農民画を描き始める。画家は生涯農民の生活を描き続け、その政治的なテーマに賛否両論があったが、一八六七年のパリ万博にも出品した。一方、ファン・ゴッホは、最初画商の店に勤め、転職して聖職者、教師などを目指したがうまくいかず、オランダ、ベルギーなどを転々としつつ、一八八〇年に画家になる決意をする。ミレーの絵を模写しながら絵画の勉強をする。パリに出て、のち南仏アルルにも住み、傑作となる作品を描くが、彼の絵は生前にはほとんど売れず不遇な人生を送り、一八九〇年に亡くなる。ジャガイモと農民の画を描いたのは、主にパリに来る前のオランダ時代である。

ミレーは、一八五五年から六一年にかけて、ジャガイモと農民のテーマを取り上げている。それに対してファン・ゴッホのジャガイモと農民のテーマは、一八八五年に集中している。ちょうどミレーの絵を研究しているころである。

ミレーの絵もファン・ゴッホの絵も人物（農民）を中心に描かれている。この中でもっとも有名なものは、ミレー《晩鐘》（一八五七）とファン・ゴッホ《ジャガイモを食べる人々》（一八八五）ではないだろうか。

小麦の場合は種を播くときと収穫しているときは、明らかに農民のポーズが異なるが、ジャガイモに関しては、植えているのか収穫しているのかよくわからない。

まずミレーの《種をまく人》（図4）と《落穂ひろい》（図6、一八五七）は、どちらの農民のポーズも勇

図4　ミレー《種をまく人》1850（101.1×82.6）ボストン美術館

図5　ファン・ゴッホ《種をまく人》1888（64×80.5）クレラー・ミュラー美術館

ましい。落穂を拾うだけなのに、手をまっすぐに伸ばして、膝もほとんど曲げていない。背景の広大な土地が農民の英雄性を強調する。ジャガイモ農夫の場合はどうであろうか。《ジャガイモの収穫》（図7）の左のイモを掘る二人の農夫とその向かいの農婦はほとんど膝を曲げていない。女性は《落穂ひろい》の女性とほぼ同じポーズである。後の作品《晩鐘》（図8）と《ジャガイモを植える人》（図9）では、農民は仕事に誇りを持っているように見える。《晩鐘》では、夕暮れ時のアンジェラスが聞こえ、ジャガイモが収穫できたことを感謝して神に祈っている宗教的な作品である。《晩鐘》の農民たちがはたしてジャガイモの収穫をしているのかどうかは、地面に置かれた鍬、籠、荷車をよく見ないとわからないほどである。背景の土地を見ると《晩鐘》と《ジャガイモの収穫》では、遠景に町や山が見えることから区画化され制限され、整地されていない大地であることがわかる。《ジャガイモを植える人》では家庭菜園である。農民たちに会話はない。小麦かジャガイモかの違いは、ミレーにおいてそれほど強調されておらず、むしろ農民たちの宗教性がテーマとな

図6　ミレー《落穂ひろい》1857（83.5×110）オルセー美術館

左｜図7　ミレー《ジャガイモの収穫》1855（54×65.2）ウォルターズ美術館
右｜図8　ミレー《晩鐘》1857（55.5×66）オルセー美術館

左｜図9　ミレー《ジャガイモを植える人》1861（82.5×101.3）ボストン美術館
右｜図10　ファン・ゴッホ《ジャガイモを植える農夫たち》1884（66×149）クレラー・ミュラー美術館

左｜図11　ファン・ゴッホ《ジャガイモを食べる人々》1885（82×114）ファン・ゴッホ美術館
右｜図12　ファン・ゴッホ《ジャガイモの皮をむく農婦》1885（43×31）個人蔵

っている。地平線を越えて描かれる人物の英雄性がうかがえる。林良児は、ミレーの《晩鐘》について、「背伸びをするのでもなく生き方を卑下するのでもない。それ以上の存在でもなく、それ以下の存在でもない。ミレーにとってもっとも心癒されるものであった大地の静寂と沈黙を背景に持つこの作品から発せられるそのような等身大の人間の存在こそ、ミレーが思い通りに描きたいと言った人間の真の存在の印象であるといえるだろう」[★45]と述べている。小麦農民の英雄性に対するジャガイモ農民の沈黙が強調されている。

対してファン・ゴッホの《ジャガイモを植える農夫たち》(図10)では、さまざまなポーズをした農民たちがいる。画面が横に長いことから壁画に描かれた叙事詩のように思える。背景の大地は地平線が高く農民たちは大地の側にいる。ファン・ゴッホの関心はミレーと別のところにある。画家は、ジャガイモを食べたり(図11)、皮をむいたりする人(図12)を描くことに熱中している。《ジャガイモを食べる人々》では、食べる農民の手は、ごつごつとしており、まるで五本爪の鍬のようである。その手は、先にあるナイフあるいはフォークと一つになっていて、皿の上の切ったジャガイモを指している。ジャガイモは艶々と光っている。《ジャガイモの皮をむく農婦》の手とジャガイモは区別できないほど同じで、ごつごつしている。農婦の顔・手・ジャガイモに光があたり、くっきりと浮き出ている。ファン・ゴッホの農民たちは、大地や道具と一体化している。生活の中に根付いたジャガイモがある。ジャガイモを食べる人々は話しているので活気が感じられる。ミレーにとって小麦かジャガイモかの区別はあまり関係がない。農民の宗教的意識を美化し英雄化したかったのではないか。ファン・ゴッホは、小麦の種を播く人をミレーに学び、力強く大地に生きる飾り気のない農民の姿を描いている。このようにフランス人のミレーとオランダ人のファン・ゴッホは、ジャガイモに対する考え方が異なる。一九世紀後半にフランスにジャガイモが食用として根付き、ヨーロッパの農民たちは、ジャガイモを大量に生産し、消費しはじめるのである。

＊＊＊

現代ではジャガイモは、レストランの料理にも、家庭料理にも欠かせない野菜の一つである（図13）。しかし、ジャガイモは、ヨーロッパに最初から自生していた野菜ではない。アメリカ大陸からトウモロコシ、トマト、ナスなどとともにヨーロッパに渡ってきたが、これらの野菜の中でも、普及が最も遅かった野菜である。そして特にフランスでの普及は遅かった。

一六、一七、一八世紀、天候不順や疫病による飢饉や戦争がヨーロッパを周期的に襲っていたとき、ジャガイモが歴史的記述に登場する。他方、農業革命と産業革命の二大近代革命は、ヨーロッパの人口増加をも

図13　スーパーマーケットでは、たいていジャガイモは1、2、3、5、10kgなど網の袋で売られている（筆者撮影）

たらした。ジャガイモは、多数の人々の生命維持に貢献しつつあった。

フランスへジャガイモが入ってきたのは、イタリア、スイス、ドイツなどと国境を接する南東部[★46]や東部地方およびイギリスからであった。一八世紀の百科全書には、ジャガイモはポム・ド・テール（土のリンゴ）の項目で説明されている植物で、薬用効果もあるが、食中毒も起こすと紹介されている。百科全書のトマトの項目と比較すると、地上の果実とみなされるトマトに対して、ジャガイモは地中の塊根とみなされ、人間の常用食物とは考えられていない。見た目が悪いため「悪魔の化身」とさえ呼ばれた。

フランスでは、ジャガイモは、パンのライバルであった。しかし、常にパンの方が人々の胃袋には好まれた。フランス東部では、カロリーが必要な労働者が食べる腹持ちがよく消化に時間がかかる食べ物としてジャガイモが記録に残っている。

薬剤師であったパルマンティエは、プロイセン（ドイツ）で戦争捕虜となったが、囚人生活の食事にジャガイモが出たのをきっかけに、フランスに帰国すると、ブザンソンのアカデミーに提出した論文で賞をとった。それは、ジャガイモと小麦を1対2の比率でパンを作ること、つまりパンの代用品としてジャガイモを推奨していた。しかし、パルマンティエの貢献は、ジャガイモをさまざまな料理に用いることであった。それが現代のジャガイモ料理につながっている。

一九世紀のフランスのカルバドス県では、一八四五年、アイルランドの大規模なジャガイモ飢饉の年、違う品種のジャガイモを作っていたため人々は生き延びた。これ以降、フランスでもジャガイモが日常の食卓に登場するようになる。

また、一九世紀の後半、絵画の領域でもジャガイモが登場する。ミレーとミレーの影響を受けたファン・ゴッホの絵にジャガイモ農民が描かれている。ミレーの宗教性をもち会話のないジャガイモ農民に対して、ファン・ゴッホは、ジャガイモのようにごつごつとした手足と体をもつ農民を描いた。ジャガイモが生活に根を下ろしており、会話が弾む絵画場面である。フランス人のミレーとオランダ人のファン・ゴッホは、ジャガイモに対する考え方が異なっていることがわかる。

註

★1 Flandrin, J.-L. & Montanari, M., *Histoire de l'alimentation*, Fayard, 1996, p.557.

★2 Sorcinelli, P., « L'alimentaiton et la santé », Ibid., p.811.

★3 これまであまり取り上げられてこなかった民衆階級の食生活を研究している社会学者エリック・ビルルーエは、一六～一八世紀はそれほど頻繁に飢饉に見舞われたわけではないという。「長い間、歴史家たちは近代（一六～一八世紀）と呼ばれる時代の食生活を悲観的に見る傾向にあった。しかし最近の資料は当時の人々が常時飢饉に晒されていたわけではないことを示している。」Birlouez, E., *Que mangeaient nos ancêtres ? De la préhistoire à la première guerre mondiale*, Éditions Ouest-France, Édilarge SA, Rennes, 2019, p.76.

★4 高木正道「近世ヨーロッパの人口動態（1500～1800年）」『経済研究』四巻二号、静岡大学、一九九九、一五三頁

★5 Teuteberg, H.-J. & Flandrin, J.-L., « Transformations de la consommation alimentaire », *Histoire de l'alimentaiton*, op.cit., p.726.

★6 高木、前掲書、一五七頁

★7 スミス、F・アンドルー『「食」の図書館　ジャガイモの歴史』竹田円訳、原書房、二〇一四、三〇頁

★8 同上、三九頁

★9 同上、四五頁

★10 タナヒル、レイ『美食のギャラリー　絵画で綴る食の文化史』栗山節子訳、八坂書房、二〇〇八、一三九頁

★11 山本紀夫『ジャガイモのきた道　文明・飢饉・戦争』岩波新書、二〇〇八、六三頁

★12 同上、六九-七〇頁

★13 de Serres, O., *Le Théâtre d'agriculture et mesnage des champs*, l. metayerl, Metayer, Paris, 1600, p.563. Source gallica.bnf.fr / BnF, Paris, 二〇二四年一〇月一八日閲覧

★14 Ville de Besançon, Mémoire vive, patrimoine numérisé de Besançon, *Patate, cartoufle et pomme de terre : Parmentier récompensé*, https://memoirevive.besancon.fr/page/patate-cartoufle-et-pomme-de-terre-parmentier-recompense, 二〇二四年一〇月一八日閲覧

★15 アタリ、ジャック『食の歴史　人類はこれまで何を食べてきたのか』林昌宏訳、プレジデント社、二〇二〇、一一四頁

★16 *L'Encyclopédie*, 百科全書の共同デジタル改訂版（二〇一七）encre.academie-sciences.fr/encyclopedie/ フランス国立科学研究センター（CNRS）ピエール&マリー・キュリー大学などが共同で開発したオープンアクセスのサイトを使用する。（二〇二一年一月三日閲覧）

★17 ナスはフランス語でaubergine「オーベルジーヌ」という。この言葉の語源はアラビア語で、morelleと区別される。

★18 ピエトロ＝アンドレア・マッティオリ（一五〇一－一五七七）は、イタリアの植物学者。『ディオスコリデスの注釈書』（一五五四）にはヨーロッパ初のトマトの図版が掲載されている。

★19 ザッカーマン、ラリー『じゃがいもが世界を救った　ポテトの文化史』関口篤訳、青土社、二〇〇三、二七頁

★20 Alexandre-Bidon, D. & Mane, P., « À table au Moyen Âge », Exposition présentée à la Tour Jean sans Peur, 2015, p.19.

★21 Flandrin, J.-L., « L'alimentation paysanne en économie de subsistance », op.cit., p.605.

★22 マンドレークは、ヨーロッパ大陸に昔からあった植物でマンドラゴラともいう。茎がなく、葉と人体のような根が直結した特徴を持つナス科の植物であるが、この根の形が魔性、神秘性を帯び、錬金術的であるとしてさまざまな伝説や逸話に彩られた植物である。イヌホオズキとともにナス科の毒性をもつ植物である。

★23 ザッカーマン、前掲書、二八頁

★24 同上、五二頁

★25 Rambourg, P., *Histoire de la cuisine et de la gastronomie françaises : du Moyen Âge au XXe siècle*, Édition Perrin, 2010, p.158.

★26 ここで、フランスの上流階級と下層階級の食事について、言及しておきたい。「中世のことわざに次のようなものがある：一日一食は天使の生活、一日二食は人間の生活、一日三食あるいはそれ以上は野獣の生活であり、人間の生活ではない。中世では領主やブルジョワたちは一日二食、ディネとスペで満足している。逆に言うと、二食しかしないのは社会的ステータスを示す。朝食petit déjeunerを取るのは労働者、職人、農民たちであり、仕事をするカロリーを必要とするからである。」（Alexandre-Bidon, D. & Mane, P., « À table au Moyen Âge », op.cit., p.22.）ディネdînerとは一〇～一一時の間に、スペsouperとは、一六～一九時の間に、特に上流階級において取られるものであった。下層階級では、「労働者と職人は日の出とともにスープとワインを飲み、午前のちょうど真ん中にあたる九時ごろに朝食petit déjeunerを取り、午後の真ん中（正午、夏では一四時ごろ）にディネdînerを取る。夕食souperは日の入り後に取る。冬では一六時である。しかし夏はもっと遅い。そこでおやつ（間食）の習慣が発生することになる。」（Ibid., p.22.）フランスのおやつの時間が一六時であるのは、日の入りの時間と関係するからである。

★27 Flandrin, J.-L., op.cit., p.623.

★28 Rambourg, P., op.cit., p.161.

★29　ザッカーマン、前掲書、四一頁
★30　Rambourg, P., op.cit., p.162.
★31　Ibid., p.165.
★32　Muratori-Philip, A., *Antoine-Augustin Parhttmentier*, https://francearchives.gouv.fr/en/pages_histoire/39391, 二〇二〇年一月三日閲覧
★33　Muratori-Philip, A.は、情報社会学者でパルマンティエの伝記*Parmentier*, Plon, 2006を書いている。
★34　Parmentier, A.-A., *Examen chimique des pommes de terre dans lequel on traite des parties constituantes du bled*, Chez Didot, 1773, p.48. Source gallica.bnf.fr / BnF, 二〇二一年一月三日閲覧
★35　Ibid., p.183.
★36　Ibid., p.190.
★37　Ibid., p.199.
★38　Grimod de la Reynière, A. -B. -L., *Manuel des amphitryons*, Capelle et Renand, 1808, p.135. Source gallica.bnf.fr / BnF, 二〇二四年五月二六日閲覧
★39　Ibid., p.137.
★40　Ibid., p.154.
★41　*Histoire de l'alimentation*, op.cit., p.555.
★42　Ibid., p.720.
★43　Désert, G., « La culture de la pomme de terre dans le Calvados au XIXe siècle » *Annales de Normandie*, 5e année, n°3-4, 1955, p.265. https://www.persee.fr/doc/annor_0003-4134_1955_num_5_3_6514, Fichier pdf généré le 05/01/2019, la Persée.二〇二一年一月三日閲覧
★44　Teuteberg, H.-J. & Flandrin, J.-L., op.cit., p.729.
★45　林良児「ミレーの光」『愛知県立大学外国語学部紀要　言語・文学編』四四巻、二〇一二、一七二頁
★46　オリヴィエ・ド・セールが住んでいたアルデーシュ県の東部に位置するドーフィネ地方に、伝統的ジャガイモ料理のグラタン・ドーフィノワがあるのは偶然ではあるまい。

5

ワインとアイデンティティー

Vin et identité

フランス料理にワインは欠かせない。フランスのレストランでも料理のメニューと別にワインのメニューがある。高級レストランでは、ソムリエがいて、注文する料理との相性についてアドバイスをしてくれる。ワイン大国といわれるフランスであるが、世界のワイン事情はどうであろうか。

国際ブドウ・ワイン機関（Organisation Internationale de la Vigne et du Vin、通称ＯＩＶ）は百年の歴史を持ち、世界のワイン業界のデータベースをネットサイトで公開している。そこでは、世界における年間生産量と消費量の折れ線グラフを見ることができ、二一世紀に入っても常に生産量の方が消費量を上回っているのがわかる。ただし近年は生産量にしても消費量にしてもほぼ横這いとなっており、増加しているとは言い難い。それに比べるとフルーツとしてのブドウの消費はわずかではあるが、多くなっている。

また、ワインの生産量は、ほぼ毎年、イタリア、フランス、スペインが上位三位にランクインしている。一〇〇〇hl（ヘクトリットル）＝一トンとして、二〇二三年の数値では、フランス四五、七六八hl、イタリア四三、九〇〇hl、スペイン三〇、七四五hlとなっている。消費量は、二〇一八年の数値で、アメリカ三三、七一八hl、フランス二六、〇二八hl、イタリア二二、四〇〇hlという順位になっている。また二〇二二年の数値では、アメリカ三四、三四四hl、フランス二四、八七二hl、イタリア二二、三〇〇hlとなっている。生産量・消費量ともに、フランスはワイン大国なのである。

フランス国内における生産量・消費量の変化を見てみよう。両方ともに、二〇〇〇年の数値からゆるやかな減少傾向にあり、二〇二三年の時点で過去の数値に戻る気配はない。フランス国内で生産量と消費量が伸びつつあるものは干しブドウである。フランスは確かにワイン大国ではあるが、アルコールとしてのワインの生産量・消費量は減少傾向にあり、昔ほどワインを飲まなくなっていると考えられる。

現在のフランスワインは国内生産量・消費量ともに減少しているが、世界的視点では、ワイン大国の伝統が維持されている。では、フランスのワインの伝統・歴史はどのようなものであったのだろうか。

ここからフランス人とワインの関係を紐解いていきたい。まずフランスでワインが飲める場所として、レストラン・ブラッスリー・ビストロの違いを考察し、次にワインとビールの違いを検討し、最後にテロワールという概念を考えることによって、フランスにおいて人とワインはどのような文化を形成してきたかを考えてみよう。

1 レストラン・ビストロ・ブラッスリー

レストランの起源について、ジャン゠ロベール・ピットは、原始時代から歴史が始まる時代になるころまで遡ることができ、農民や職人たちが自分たちの作ったものを売りさばきにいく市場や定期市ができるころに誕生していると述べている。[★1]「古代より宿屋や交通の要所にある宿駅は存在していた。人々はそこで馬の鞍を換え、休息し、食べたり飲んだりしながら力を回復させ（on y restaure）、駅の人や偶然出会う旅人たちと気晴らしをして眠った。★2」現在のレストラン（restaurant）と呼ばれる施設の前身は、旅人の宿屋という形で古くから存在していたといえよう。

フランス語が示すように、「体力を回復させる」（restaurer）という動詞から、「体力を回復させる」という意味の現在分詞（形容詞）レストラン（restaurant）ができ、「体力を回復させる」ものと言えば、ブイヨン（＝スープ）を指していた。『中世フランス語辞典』*Le Dictionnaire du Moyen Français*（DMF）にすでにこの単語restaurantが見いだされることを考えると、レストランは、フランス語を起源とし、まず動詞「身体を回復させる」として機能し、やがてその内容を指す言葉（名詞）「ブイヨン」となり、さらにその食べ物がだされる場所を指すようになるという歴史を辿る。「中世の終わりごろから〈レストラン〉という単語は、具がたくさん入ったブイヨン（＝スープ）を指した。その中には鳥、牛、球根、玉ねぎ、ハーブ、レシピによってはスパイス、砂糖、焼いたパン、大麦、バター、さらに見た目に突飛なものとして、乾燥のバラの花びら、ダマスのブドウ、琥珀などが入っていた。★3」確かにこのブイヨンを食べると、身体に必要なものすべてが入っていて、体力が回復しそうである。

一八世紀ごろになると、このような宿駅、宿舎の他に、人々がちょっとしたアルコール飲料や安い料理を手に入れられるさまざまな総菜屋も大きな町などには存在し始めた。ランブールは次のような報告をしている。一五七〇年、ヴェネツィアの外交官リッポマノはパリのフランス人の食への嗜好を次のように述べた。「フランス人は食べることと彼らが「美味しい食事 **bonne chère**」と呼ぶもののために大きな費用を惜しみなく費やす。だから肉屋、加工肉屋、焼肉屋、仲買人、パティシエ、飲み屋、居酒屋らがこんなにたくさんあって、混乱をきたしているのである。」[★4] 一六世紀にすでに、フランスでは宮廷から民衆にいたるまで、美味しい食事に情熱をかけていることを、外部の人々から指摘されているのである。

　美味しい食事を渇望するフランス人は、フランス革命以後に貴族が没落した後も、いわゆる宮廷料理は消滅させなかったのである。

　一七六五年ごろ、ブーランジェという商人がルーヴルの近くにブイヨンレストラン **bouillons restaurants** の看板を掲げて店を開く。レストランという言葉が初めて店の看板に登場するのだ。その店は大繁盛する。ディドロ（一七一三－一七八四）もその店に通っていた。[★5] 一七八二年、プロヴァンス伯（のちのルイ18世）の料理人だったアントワーヌ・ボーヴィリエがリシュリュー通りに「ロンドン大食堂」という看板を出してレストランを始めた。これが最初のレストランと言われている。なぜ「ロンドン大食堂」なのかというと、「上流社会ではイギリスかぶれがいて、そういう人々へのへつらいともう一つ、イギリス人にドーバー海峡を渡って旅行をした思い出」[★6]を持ち帰ってもらう狙いがあったという。ボーヴィリエは、プロヴァンス伯一人のためではなく、イギリス人の旅人やフランスの上流階級向けにレストラン経営に踏み切ったことになる。その後フランス革命が起こると貴族の館のお抱えシェフたちは、主人とともに海外へ逃亡するか、町でレストランを開業するかの選択に迫られる。ボーヴィリエは、そういった貴族に仕えた料理人であったため、洗練された料理を出すことができた。そういう意味で、彼がレストランの先駆者と言われている。一九世紀の美食家ブリヤ＝サヴァランも、その著『美味礼讃』（一八二五）で、ボーヴィリエに言及しているが、ブーランジェは取り上げていない。また、一六三五年にリシュリュー卿が立ちあげたアカデミー・フランセーズは、国語辞典の編纂に取り組み、初版となる辞典を一六九四年に完成させる。しかし、レストランという単語がアカデミーの辞書に載るのはもっと遅く、一八三五年であるとピットは書いている。

こうして旅人が利用する宿屋がレストランに変わっていき、旅人の利便性のため、食べ物も飲み物も出していた宿屋が増える一方、フランス革命の没落貴族のお抱え料理人が、町にレストランを開業するという傾向が合流して、美味しい食べ物と飲み物の供給がはじまり、フランスの一九世紀はレストランの発展が急速化する。革命の前は一〇〇店だったレストランは、第一帝政（一八〇四－一八一五）には五〇〇から六〇〇店となり、復古王政（一八一五－一八三〇）には三〇〇〇店となった。★7

ワインを主とする店であるキャバレも登場する。キャバレは騒々しく喧嘩っ早

図1　「オ・ポール・デュ・サリュ」Au port du salut, cité par Pitte, J.-R.（筆者撮影、2024年）

い人々もいたのは十分に想像できよう。「パリのワイン店主たちは自分たちの店にしっかりした格子をつけて守っていた」[★8]とピットは説明する。ピットによると、たとえば図1は、パリにあるレストラン・ビストロの看板を出している店であるが、現在でもこのような格子がある店がいくつか見受けられる。見ると確かにガラス窓を覆うように鉄格子があり、客が酔っぱらってあばれても店が破壊されないようにしていたのがわかる。そのような喧騒を好まない人々は、カフェcaféに足を運び、紅茶、ココア、異国の飲み物や食べ物、シャーベットなどを楽しみ話を弾ませたという。一七世紀にできたのがフランス最初のカフェ、プロコープLe Procopeであることはよく知られており、その後、カフェの軒数も増加の一途を辿る。

ブラッスリーは、ほとんどの種類の食べ物・飲み物を提供する店で、現在の用語でいえば、レストランということもできる。しかし、その起源は、レストランとは異なる。ブラッスリーbrasserieは、『中世フランス語辞典』（DMF）にも載っており、古い時代からある言葉である。まず、ビールの醸造という作業自体を指し、すぐにビール製造所という場所の意味を担い、さらにそこで給仕されるビールという意味でも使用された。意味の曖昧さがあったが、一六九四年のアカデミー・フランセーズの国語辞典には、ブラッスリーbrasserieは、ビールの醸造所という「場所」の意味しかない。つまり、中世から一七世紀の間に「醸造作業」と「ビール」という意味が消失したことになる。この初版の辞書から第六版（一八三五）の辞書まで、ブラッスリーは「醸造所」という意味しかもたない。一八世紀のディドロとダランベールの百科全書においても、「醸造工房」の意味で、詳細にその工房の内容が紹介されている。ところが、アカデミー・フランセーズ辞典第八版（一九三二―一九三五）になると醸造所と販売所のほかにビール産業の意味がある。第九版（現在製作中）になると、第一義に「醸造所」という意味と「ビールを作って売る場所」、第二義にいわゆる製造するだけでなくそこで飲むという意味が登場する。つまり、醸造所兼販売所、飲食所という空間になる。そして現在の *Trésor de la langue Française informatisé*（TLFi）においても、この二つの意味がある。

このようにブラッスリーというのは、ビール製造所という工房・工場の空間を指す言葉を延々と維持しながら、現在においては、ビールの他にワインなど他のアルコール類やソフトドリンク、食べ物やデザートを提供し、広く客を迎える場所になっている。つまり飲食すべてを包括して提供する「レストラン」になった。

パリの「グラン・カフェ・キャプシーヌ」の支配人、リリアン・コンブリューは「朝早くから夜遅くまで、あらゆるメニューが出せる、たとえばデビルド・エッグからイセエビまで、多くの料理が出せる店」であり、一九世紀のパリで、ビールというパチパチと泡立つ飲料を提供する店として流行したのだという。[★9] 普仏戦争後、アルザス・ロレーヌ地方がドイツに割譲されると、多くの人々がパリに移住し、料理人はブラッスリーを開店し、その名物料理がアルザスの郷土料理のシュークルートであるというのも納得がいくのである。[★10]

アルザス・ロレーヌ地方は、ワインの生産地であると同時に、フランスのビール生産地でもあり、フランス全体の七割のビールがこの地方で生産されている。老舗はクローネンブルグ

kronenbourgで、〈1664〉というブランド名は大変よく知られている。一六六四年にストラスブールに作られた醸造所は、一八五〇年にストラスブールの北にあるクロネンブールCronenbourgに移る。その後一九六九年にストラスブール南西にあるオベルネObernaiに移り、大工場が建設される。二〇〇八年にはデンマークのカールスバーグに買収され、現在グループの一員となっている。★11

このようにブラッスリーの起源は、クロネンブールにしても、カールスバーグにしてもまず場所の名前から発生している。それはビール製造が場所を必要とし、設備を整えなければならないところから生じている。レストランは、旅人の力を回復させる食べ物の機能を起源としていることは前述した通りである。その場所を指すため一般用語となって世界的に食処といえばレストランとして通じる。したがってフランス語のブラッスリーもレストランと呼んでかまわない。しかし、フランスのブラッスリーは、まずは空間的広さがあり、しかも営業時間も長く、メニューも多いところから、受け入れる客層も広いということがわかる。ブラッスリーは、ビールの醸造所であったゆえに、飲料としてはまずビールを飲ませる店であるが、もちろん、あらゆる種類のアルコール・ソフトドリンクに対応している。

ブラッスリーに対して、あらゆる意味で規模が小さいのがビストロbistrotである。まず店の面積も比較的小さく、入り口も大きくない。小さなレストランと呼ばれ、提供される食べ物も軽食であり、シンプルなものである。フランス人がビストロに行くときは、ビールではなく、ワインを飲みにいく。アットホームな空間である。

5

ビストロという名称の登場は新しく、一九世紀の終わりごろである。この単語の起源は複数ある。一八一四年にパリに到着したロシアのアレクサンドル1世の兵士たちが、居酒屋に入って、アルコールを飲んだとき、ビストロ bystro、「早く、早く」とロシア語で言ったことからビストロと呼ばれたという説があり、逸話的には興味深いが、信憑性は低いと言われている。しかし、ポワトゥー地方では、ワイン商人の使用人をビストロ bistraud と呼び、質のよくないワインをビストルイユ bistrouille と呼んでいたことから、一八八四年ころに出現した名称だとも言われている。★12

最も信憑性があるのは、TLFi の語源にも書かれているように、使用人 bistraud、「ワイン商人

図2　上から、レストラン、ブラッスリー、ビストロ（筆者撮影、2024年）

の使用人」を指していたとする説であろう。ビストロが場所ではなく、居酒屋の亭主（女性も含む）を指していたことから、ワインを提供する人という意味への拡大がみられる。場所を表す言葉となったレストランやブラッスリーと異なり、ビストロは居酒屋の亭主という意味になった。つまり空間的に小さくても、店の主人がいればそれはビストロなのであり、酒と人のつながりが濃い言葉となったのである。二〇世紀には、bistroquetという単語も生まれ、ビストロは、比較的新しい単語であるが、レストランやブラッスリーにはない「親近感のある空間」「非公式な雰囲気」「価格の低さ」「食べるのではなく飲む店」「ワイン」といった意味を重層的に担いフランスに登場した人間味のある言葉といえるであろう。

辻静雄は、ビストロの機能について、

アルコールを主体にした液体を飲む場所、あるいは味わい飲むことのできる場所です。そして酒を飲むだけじゃなくて、簡単な料理を食べられるし、コーヒーも飲める。ビリヤードもできる。ある場所では、自分の食物をもってきて食べたってかまわない。それから電話もかけることができる。荷物を預かってくれる。こういうのがビストロということになっている[★13]

さらに、ビストロの客について、

ビストロにはビストロの性格があって、おれはあそこのビストロへはいくけれどもこっちのビストロは嫌いだという人たちがずいぶんいる（…）つまりあらゆる人を受けいれることができるはずなのに、ビストロというのはある特定のお客さんを好む傾向があって、お客さんのほうもある特定のビストロを選ぶようです。★14

と述べている。ワインを飲むために適度な広さ、適度な食事、適度な価格、そこに集まる人と人の関係といったものを備えているのがビストロと言えそうである。ブラッスリーは伝統的に土地に密着しているが、ビストロはそれを営む主人に密着し、ブラッスリー・レストランではその土地の名物などが味わえ、ビストロではワインを飲みながら、その主人と馴染みになることが大事で、常連客とのコミュニケーションを楽しむ店といえよう。

では、次に、このようなフランスのレストラン、ブラッスリー、ビストロに必ずおかれているアルコール飲料であるワインとビールは、歴史的にどのような違いがあり、飲み分けられてきたのか見てみよう。

2　古代におけるビール

ワインもビールも、古くから人類によって飲まれてきた飲料である。しかし、その歴史的変である。

遷は非常に異なる。そもそもワインは果樹であるブドウが、ビールは穀物である大麦が原料である。

ワインもビールも古代メソポタミア、古代エジプトという四大文明の二つにおいてその記述が残っている。ビールについて、トム・スタンデージは、「醸造者たちはつねに自前の〝麦芽汁用おけ〟を持ち歩いていたという。「よりよいビールを作る容器」が登場するメソポタミアの神話もある。同じ容器を繰り返し使うことで発酵がうまくいくのは、容器のひびや裂け目のなかに酵母培養液が残り、不確実な自然の酵母菌に依存しなくても済んだからである。また、ベリー類、はちみつ、香辛料、香草類やそのほかの香料を原料の薄かゆに加えると、さまざまな風味のビールができた。その後数千年のあいだに、人々はさまざまな状況に合わせて、アルコール度数と風味の異なるビールの作り方を発見したのである。」[★15]と言う。人々は自分用のビール「おけ」を持ち歩き、そして麦を粥の状態にしたとき、香辛料で風味付けをしたというから、日常生活においてビールに対する人々の需要がいかに大きいものであったかがわかる。さらに、「濃いかゆは天日で焼くか、あるいは石焼きにして平たい円形のパン、フラット・ブレッドを作るのに使い、薄いかゆは発酵のために寝かせてビール作りに使ったのだろう。両者はいわばコインの表と裏のようなもので、パンは硬いビールであり、ビールは液体のパンだったのである」とスタンデージは指摘する。[★16]

穀物であることから小麦も大麦も水を加えて同じように粥にできる。そこからパンを作るのとビールを作るのは、まったく同じ価値を持っていたことになるのは想像に難くない。「穀物はいわば食べられるお金であり、固形と液体の両方の形で消費された――パンとビールとして、である。[17]」「パンとビールは便利な通貨代わりとして、広く普及したのである。[18]」

メソポタミア文明で、しばしば行われた土地、結婚、船の貸借契約後の宴会では、集まった人々が共有する時空間で全員をつなぐ役割を飲物と食物が担っていた。「人々はパンを食べ、ビールを飲み、オイルを塗った[19]」「同じ盃で飲むということは、個人から国家にいたるまで一種の博愛精神を確立させ、すべての契約の価値を担った（…）同じ食糧を共有しないということは敵意の表明とみなされ得た。同様に招待客を歓待しないということは非礼の兆候である。（…）大切なのは、食事内容ではなく共有であった。なぜなら食物も飲物も最も基本的なものであったからである。[20]」紀元前一世紀ごろ、アッシリアの「王が敬意を表する会食者たちの中に当然神々がいた。まず食物は神々に捧げられ、次に王に捧げられた[21]」という。

スタンデージは、ギルガメシュ叙事詩（紀元前一三〇〇ころ）に登場する野人エンキドゥがシュメールの若い女性に手ほどきを受けてビールを飲むシーンを紹介している。

彼の前に食べ物が置かれた
彼の前にビールが置かれた
エンキドゥは食事としてパンを口にすることを知らなかった
ビールについても、なにも知らなかった
その若い女性はエンキドゥに言った

「お食べなさい、エンキドゥ。それが人間の生きる糧。ビールをお飲みなさい。それがこの地の習慣」
エンキドゥは満腹になるまでパンを食べ
なんと七杯もビールを飲むと、開放的になり、楽しそうに歌った
彼は顔を紅潮させて、上機嫌だった
彼は薄汚れた身体に水をかけ
油で身体をこすり、そして人間になった★22

「メソポタミアの人々はパンとビールを食することが、未開人ではなく、完全な人間の証だと信じていた。この信念は、ビールが狩猟採集という先史時代の不安定な生活ではなく、定住型の秩序ある生活と深く関わっていた事実を反映しているようで、興味深い。」★23

エジプト文明においては、墓の壁画に描かれているビールの醸造風景と保管風景によって、ビールが飲まれていたことがわかっている。「ピラミッド建築の仕事は、古代エジプトの人々の心に国民としての連帯感を植えつけ、国家の富と力を実証し、税制度を正当化する役割をはたしたのである。」★24「紀元前二一〇〇年頃のシュメールの都市ニップールのものと思われるくさび形文字が刻まれた粘土板には、ビールを使った薬の配合表も書かれている。医薬品にアルコールを使用した世界最古の記録だ。エジプト人はビールを軽い鎮静剤として用い、さまざまな香草や香辛料を調合するのにも使った。ビールは水を沸かして作ったため、当然ながら水より

も汚染の可能性が低く、いくつかの材料が水よりも溶けやすいという利点もあった。」[★25] エジプト人たちがビールを調合して、医薬品として使っていたことも、ビールが人々の生活に浸透していたことを示している。当時は、水が汚染されていて、溜めた水もそのまま飲むと体調を崩したため、アルコールや果物による水分補給が有効であった。

3 ワインとアイデンティティー——古代メソポタミアから古代ギリシアへ

古代メタポソニアのネオ・アッシリア期において、最も盛大な宴会を開いたのがアッシュールナシルパル2世（在位紀元前八八三－八五九）であった。王はカルフ宮殿を完成させたあと六九五七四人の会食者とともに一〇日間に渡る宴を開いたとされる。「消費された食糧のリストには数十という行に渡り巨大な量のメニューが並べられている。肥えた牛一〇〇〇頭、羊一四〇〇〇頭、仔羊一〇〇〇頭、鹿と鶏ほかの家畜数百頭ずつ、そのうち鳩二万羽、魚一万匹、トビネズミ一万匹、卵一万個、そしてもちろん数千個のデカンタビールと数千個の皮袋ワイン。驚くほどの量のパン、野菜の籠、果物の籠そして香辛料が載っており、詳細な説明とともに、帝国のすべての資源が投入された。特に西シリアから来たオリーブも書かれてあった」[★26] という。当時ワインはビールの十倍の値段で、アッシリアにとっては、高価な異国の飲み物であった。

普段ビールを飲む人々にとって、ワインは貴重なものであり富の印であった。ワインを飲むことは、富と権力の証であった。

地球上でブドウが収穫できる地域を見てみよう。北緯・南緯二八～五〇度の間でしかブドウの木は育たない。[★27] これをワインベルトという。北半球では中東からスペインにかけての地中海沿岸の国々（ギリシア、イタリア、フランス、モロッコ、アルジェリアなど）、中国、日本、カリフォルニア、南半球ではチリ、アルゼンチン、ブラジル、オーストラリア、南アフリカ南端、などである。ちなみに、現在のワインベルトであるが、百年のうちには、地球温暖化の影響で北緯、南緯ともに北・南へそれぞれ十度ずつ移行するのではないかと予想されている。

メソポタミアからエジプトへブドウ栽培は伝わり、やがてギリシアへと伝わると、気候・地質ともに最適の場所を見出すことになる。ペルシアにおいてビール生産もワイン生産も伸びるころ、ギリシア人は、ワインとオリーブによってペルシア人と差別化を図ろうとしていた。スタンデージは、「「地中海沿岸の人々は、オリーブとブドウの栽培を知ったときに未開状態を脱した」―紀元前五世紀のギリシアの作家で、古代世界で最も偉大な歴史家のひとり、トゥキュディデスの言葉だ。ワインの神ディオニュソスは、ビール愛好家のメソポタミア人たちを嫌い、ギリシアに逃げてきたとする伝説もある」と指摘している。[★28] ギルガメシュ叙事詩のエンキドゥにせよ、ギリシア時代の哲学者にせよ、アルコール文化を知ることは、野生の生活を脱出して、文明への道を歩み始める第一歩と考えていた。ワインは神に捧げられることによって宗教的儀式と組み合わさり、宗教とワイン文化が定着し、さらに貴重なものであることから国王の社会的ステータスとなり、さらにワインが輸出・輸入されることで国の経済を潤すことになるのである。

また、ブドウが育つところが限定されており、大麦が育つところはもっと広かったため、ブドウが育つところにはワイン文化が発達し、それ以外にはビール文化が発達していくことになった。ギリシアのワイン文化は、その後イタリア、フランスの南半分、スペインへと継承されていく。一方、フランスの北部では、イギリス、ドイツ、ベルギー、デンマークなどとともにビール文化が発達することになる。

ギリシアに入ってきたワインはギリシア人にとっても貴重なものであった。大衆はビールを飲み、限られた人がワインを嗜んだ。スタンデージは、「紀元前二〇〇〇〜一〇〇〇年代のミュケナイおよびミノア文化期におけるギリシア本土やクレタでも、ワインは選ばれた者の飲み物だった。銘板に刻まれた、当時の奴隷や下級宗教官僚用の配給品リストのなかに、ワインは入っていない。ワインを口にできることは、高い地位の証だったのである」[★29]と指摘している。さらにギリシア、アテナイの土地所有層はブドウ畑の大きさで格付けされていたという。ワインと畑の関係は、すでにギリシア時代から存在していた。これは後述するテロワールの概念の基盤である。

ギリシア人が、ワインを好んだことは古典文学からもうかがえる。ホメロスの『イリアス』でも『オデュッセイア』でも、登場人物たちはワインを飲む。オデュッセウスはトロイア戦争後、二〇年経ってやっと故郷のイタケ島に帰るのだが、そこでは父ラエルテスが果樹園を守っていた。「オリーブの木、ブドウの木、イチジクの木、ナシの木のすべてがよく世話をされ、果樹園のどの部分も手入れがなされていないところはなかった。」[★30]オデュッセウスとラエルテスは再会を果たし、父は彼が本当に息子であることの確かな証拠を求める。オデュッセウスは、幼いころ父と果樹園を散歩していたとき、父が自分に与えた果樹の話をする。「あなたは木の名前を私に教えてくれ、13本のナシの木、10本のリンゴの木、40本のイチジクの木をくれました。そして実をつけたブドウの木、それもゼウスが決めた季節がブドウの房を重くするとき熟したブドウの畝を50畝くれると言いました。」[★31]ラエルテスが息子に与える果樹の数から考えると明らかにブドウの木が最も多い。果樹園で占める割合も他の果樹に比べてブドウが多い。また、父から子へと引き継がれるのは果樹園であって、ブドウの木であることも確認できる。

山本博によると、古代ギリシアではブドウ文化が成長し、ブドウの品種は九〇種以上、ワインの種類は一三〇種以上あったという（マノリス・スタヴラカ

図3　クラテール（混酒器）蛸の装飾が見える。左：クレタ考古学博物館、右：クレタ美術館（筆者撮影、2023年）

ス教授の調査）。[★32] ギリシア人はワインを水で割って飲んでいたのだが、その比率はさまざまあったようで、ワインも非常に強いものから弱いものまであった。『オデュッセイア』では、「ブドウ色の海」というように、海が「ブドウ色」という形容詞を伴っているが、一九世紀の詩人・作家のルコント・ド・リールの近代フランス語訳では、この部分は「黒い海」noire merや「暗い海」sombre merと訳されている。一般的にワインには赤ワインと白ワインがあるが、この時代では黒に近い赤、黒い色のワインというのは、水で割らない純度が高いワインで、vin noirと書かれている。それに対して、赤いワインvin rougeといえば、水で割ったワインを指しているという。[★33]「ブドウ色の海」とは、野性的で文明化されていない海のことである。ホメロスの『オデュッセイア』で、オデュッセウスが巨人のポリペモスを酔いつぶしたワインは、純度の高い、つまり強いワインであった。このワインをオデュッセウスは、エウアンテスの息子マロン（現在のマロネイア地方でブドウがよく育った場所でもある）から神に捧げる貴重なワインを、「銀製の混酒器と、甘く純粋で神聖なるワインをアンフォラ一二個分」もらっていた。「その混酒器で、二〇倍もの水で薄めた赤ワインを飲むたびに、混酒器からは良い香りが立ち、もう一杯飲まずにはいられなかった。[★34]」生のワインに水を混ぜることで、香りが発生するのである。それが二杯目、三杯目を誘発する。

ルヴェルは現代と異なり、「古代人はワインを数少ない特別な場合を除き、ブドウ名産地の独自性によって区別せず、むしろあらゆる種類の飲み物の基本とみなし、そこに水（塩水または真水）、蜂蜜、松脂、樹脂その他さまざまな香料を加えた。ワインに香りをつける、特に花の香りをつけることがワイン技術の主要な作業であり、ギリシア語では「花の香りがする」ワインをアントスミアスと呼ぶ特別な言葉が存在するほどであった。」と述べている。[★35] フランスにおいて、またヨーロッパにおいて、飲み物・食べ物に香りづけをする作業は重要である。なぜならそれは、動物たちと同じ野生のものを食べているのではないという区別が必要となり、それゆえ香辛料や香草が重要アイテムになった。『オデュッセイア』には、「赤ワイン」vin rouge の他に「甘口ワイン」vin doux、「燃えるようなワイン」vin ardent といった表現が見られる。『イリアス』の登場人物アガメムノンは、「頑固な酔っ払いとされており、豪勇で慎み深いアキレウスは、彼を際限なく飲むと何度も非難している。彼はついにアガメムノンに対して怒りを露わにし、この大酒のみと言ってしまう。「お前はワインで理性を失い、番犬のような軽率な目と鹿のような臆病な心を持っている」」とワインの研究家ヌーリッソンは述べている。[★36]

古代ギリシア人たちはワインを飲むことで、ビールを大量に飲むペルシア人と差別化を図りワイン文化を発展させた。そしてワインにも種々あり、水で割って明るい色にして飲むワインと、水で割ることなく香料を入れて飲む濃い黒いワインを区別した。理性を失い酔いつぶれるのは黒いワインであるが、水で割って明るい色にすると、理性的な飲物になると考えていた。「（ギリシア）神話は、陽気なワイン、高貴なワイン、危険なワインを語っている。神話は人々の心と記憶にそれを刻み、芸術や文学によって定期的に繰り返される。神話は西洋文明の基盤を形成している。[★37]」

ギリシアの哲学者や文学者たちは、しばしばシュンポシオン（シンポジウムの語源）を開いた。シュンポシオンとは「宴」という意味で、フランス語ではTLFiによると、第一義に、第一部の食事のあと、現在のデザートにあたる第二部で、会食者たちが飲みながら一つのテーマについて議論する場という意味である。議論することによって真実を明るみに出す。それは彼らにとって叡智と真実を追求する場であった。よく知られているのはプラトンの『饗宴』に書かれているシュンポシオンである。この物語はアポロドロスがアリストデーモスから聞いた話を友人に聞かせるという設定である。第一回悲劇詩人大会でアガトーンが優勝し、その翌日アガトーンの家で宴席が設けられ、ソクラテスらが招待されたが、ソクラテスは途中からしか参加せず、アリストデーモスも後から飛び入りで参加して、明け方まで皆で「愛」について議論したという話である。シュンポシオンは、酒を飲みながらどこまで正気の議論ができるかを追求するものである。

この作品は、ギリシア時代のシュンポシオンがどのように進められるかがよく描かれている。まず、ソクラテスは沐浴し身ぎれいにし、木靴を履いてアガトーンの宴会に出かけた。彼はすぐにはアガトーンの家に入らない。アガトーンとその招待客たちは、すぐに食事を始める。「食事なかばに達した頃」[★38]、ソクラテスが皆と合流する。食事が終わると酒を飲み始める。エリュクシマコスが酩酊は「人間にとって有害だということ」「飲みつつ騒ぎつつのやり方にしないで、むしろ、楽しみながら、ほどほどに飲みつつ行う」「互いに無理強いはしない」[★39]（強調はプラトン）といった提案をして一同賛成のもとに始められた。彼らは、「愛の神を讃美」する話を始める。途中で、かなり酩酊したアルキビアデスが入ってきた。彼は自分は正気で話ができるといって参加希望を表明する。仲間に入れて、議論が再開される。そこに外から酔っ払いの群団がやってきて飲み始め、大部分の人が家から立ち去って行った。アリストデーモスは眠ってしまったが、明け方に目を覚ました。アガトーン、アリストパネス、ソクラテスの三人だけは飲み話し合っていた。しかしついにアリストパネス、次いでアガトーンが眠り、ソクラテスだけが最後に残り、まるで何も飲まなかったかのように家を出て、いつもと同じようにその一日を過ごした。以上が『饗宴』の構成である。

この作品から、シュンポシオンが食事のあとに行われるものであり、「飲んで」「議論する」場であることがわかる。さらに騒々しい一団とともに飲むのではなく、適度に飲んで「議論をする」場であることもわかる。飲む前には、神々に供え物としてワインを捧げる。そのことをジャン＝ロベール・ピットは、次のように説明している。「紀元前一〇〇〇年の間、ワインは卓越してギリシアの飲み物となり、ディオニュソス崇拝に密接に結びつけられた。シュンポシオンの聖なる儀式は、市民たちの間を固く結びつけた。まず身になる食事をし、次にいわゆる晩餐を始める。そこでは会食者は多少なりとも水で割ったワインを聖餐すなわち最後の晩餐を予兆する、神の飲み物の中に滑り込むゼウスとセメレの息子（ディオニュソス）を賛美しながら、長い時間をかけて飲む。★40」

ソクラテスについて「人にすすめられただけ飲みながら、それでいて、まだ酔った例《ためし》がない」★41とアガトーンは言っている。この宴会で飲まれる酒は、ワインであるが、彼らはそれを水で割って飲んでいる。さらにソクラテスは、食事を最初から腹いっぱい食べずに、途中から参加することで、腹八分状態でシュンポシオンに臨んでいる。ソクラテスは確かに酒が強いのであろうが、最後まで正気でいられる強い自制心を持っている。自己コントロールしていると解釈できる。さらにシュンポシオンは飲んで騒ぐ場ではなく、飲んで議論する場であることも重要である。

プラトンは、「ワインは自制心を学ぶのに最適であると語っている。」[★42]「プラトンはまた、ワインを飲むことは、怒り、愛、誇り、無知、欲望、臆病といった非理性的な感情に自らをさらし、自己を試す方法であるとも考えた」[★43]と言う。ギリシア人は、ワインを美味しく飲みながら自己の精神を統制することを学んでいた。シュンポシオン、つまりシンポジウムは現在でも使われている言葉であるが、ワインがあってこその宴であったのだ。ワインは哲学とコミュニケーション抜きには考えられない。

プラトンのいとこクリティアスは、前五世紀のスパルタの青年たちについて「『ギリシアの若者たちは、精神を楽しい希望に誘い、言葉を穏やかな歓びと節度に満ちた笑いに導くために必要な分量しか飲まない。』このワイン哲学を継承したのがキリスト教であり、一方イスラム教は節酒を好んだ」[★44]と言う。

フランスにおけるアルコール嗜好を歴史的観点から研究しているマチウ・ルクートルは次のように説明する。「ギリシア文化は、酒酔いの危険を制限するために、ワインを水で割って飲むことを推奨する。イカリオスというアテナイの最初のブドウ業者の劇的な死がそれを証明している。コントロールできないワインは死を招く。その消費は、統制され、規範化され、水で割られ、すべての過剰は一時的でなければならない、ワインは文明の飲み物と考えられているのだ。[★45]」この文明というのは野生の対立用語である。自分で自分を節制できなければ動物と同じである。

4 ワインとアイデンティティー——古代ローマからキリスト教時代へ

ローマ時代になると、領土拡大を図るローマ人たちにとって、ガリア人、ケルト人、ゲルマン人たちは、敵となる。

必要な場合、商業は戦略的政策の口実となった。ケルト系ベルギー人とゲルマン系スエヴィー族はワインの輸入を拒否したと宣言し、これがカエサルに彼らを征服する口実を与えた。彼らの戦いの獰猛さは、精神を緩和するワインを受け入れないことからもたらされる。彼らを征服するには、ワインに慣れさせることが、彼らを隷従させる道である。つまり彼らの敗退は、文明化の印であるワインの勝利であるのだ。野蛮人の厳格なワイン禁酒作戦は、敵の野獣的力に対抗するプロパガンダとなった。この点からいうと、ガリア人との戦争はワイン戦争ともいえるのだ。[★46]

ギリシア人同様、ローマ人は自分たち以外の人々をバルバロイ（野蛮人）と呼び、文明を知らない人々であるとして差別した。その差別の基準がワインを飲むかビールを飲むかであった。ギリシア人と異なり、ローマ人は水で割ったワインを常に飲んでいたわけではない。ルクートルによると、「ギリシア人と反対に、ローマ人は純粋ワインを羞恥心なく飲む。彼らは野蛮性と純粋ワインの消費を関係づけない。飲み物に関係なく、良い酔いは自制心を表し、悪い酔いは自制心の欠如を表す。」[★47]ローマ人は、生のままのワインを飲むが、ギリシア哲学で示されたようにワインは彼らにとっても自制心を試す飲物であった。

戦闘的なローマ人にとって、ゲルマン人と戦うことは、自分たち文明人と野蛮人（バルバロイ）を区別することであり、マッシモ・モンタナーリは、「（中世前期では）ビールが（…）ゲルマン文化の特徴的なしるしであり続ける。儀式などでワインがキリスト教的宗教性を強調するのに対抗して、異教徒たちは意識的にビールを飲んだ」[★48]と説明している。ビールとワインは、ヨーロッパでアイデンティティー強化の意味で意識的に区別されて飲まれていた。

ガリア（現在のフランス）では、ローマ人に征服されたところからワイン文化が浸透し始める一方、土着の人々はビールを飲み続けていたためビール文化も存続していた。フランスにワインが次第に浸透したのは、キリスト教の影響もある。ローマ人によってもたらされたキリスト教とワインには、深い関係があった。前述のピットの説明にあったように、ギリシアのシュンポシオンと「最後の晩餐」はつながっている。ワインは食事中ではなく、食事の最後に飲むものだった。
キリスト教では、最後の晩餐でキリストがパンを「私の体」、ワインを「私の血」と言ったことから、パンとワインを飲むことでキリストと一体化すると言われている。「創世記を書いた人々は、〈耕す人ノアが、ブドウを植え始めた〉ことについて、その行為は大洪水のあと大地を再生させるための忘備録であり、毎年開花するブドウの花はこの再生を維持するためだったことをよく理解していた。(…)ブドウは人間と神々との間にできたつながりを象徴している。預言者イザヤによると収穫は天恵であり、ブドウのない土地は〈不吉な荒野〉であるという。」[★49] キリスト教では、ワインを飲むことは神とつながることと考えられていた。人々は、ワインで金を稼ぐためではなく、救いを求めてワインを作った。それはまた古代から伝わる食事療法における薬でもあった。ルクートルは次のように言う。

医者にとって消化とは、胃の中でおこるいわば食物の煮込みである。水のような冷たい飲み物はよい消化を引き起こすことができない。したがって、多くの医者は基本的に温かい、健康によい飲み物であるワインを勧める。うまく飲めば薬となり、下手に飲むと毒になる。[★50]

キリスト教によって許可され、薬としてワインを飲む許可を与えられると、民衆はとめどもなく飲み、聖職者も泥酔し始める。

5

聖職者と信者の風俗を改善しようと教会が行った宗教改革の文脈において、一二一五年にラトラン4世が開いた公会議では酒酔いや酩酊者が非難された。酒酔いはだんだんと非人間化され動物化され、豚とみなされた。酔っぱらった女性たちは大喰いとよばれ、無造作にお腹の快楽が下腹部の快楽につながる娼婦と同一視された。神学者は酒飲みに地獄で待っている責苦を描いて見せ恐怖を与えた。★51

そこで、上流階級の人々は、下層階級の民衆と身分の違いを明確にするため、ワインの飲み方を変えることになる。

貪欲な人は自己統制ができない、程よい加減を守れない（…）。主要な儀式が一四世紀、ブルゴーニュ公の宮廷の饗宴から徐々に行われ始める。ワインの儀礼化が飲む人の身分に関与し、社会的、経済的、文化的力の演出に関与してくる。飲むことは誇示することである。★52

ギリシア・ローマ時代、ワインはキリスト教徒と異教徒を区別する飲み物であっただけでなく、自己と他者、内部と外部を区別する飲み物でもあった。内部においては、賢明に飲む哲人・文人と、貪欲に動物のように飲む人の区別があったのである。それは端的にいえば社会階級を表していた。文化というのは、人工的に作られた境界線である。食べる食べない、飲む飲まないという、どちらかの態度が共同体をまとめることに寄与する。こうしてフランスの上流階級は、下層階級と異なる飲み方でワインを嗜んだ。上流階級はワインにさまざまなものを混ぜた。下層階級は生のままのワインを飲んだ。

さらに白ワインと赤ワインを飲む人も異なっていた。赤ワインは、明るい赤色のワイン（クレレ clairet）と濃い赤色のワイン（黒ワイン noir）とに分かれていた。白ワインとクレレは上流階級の人が飲み、黒ワインは庶民が飲んだ。

一八世紀まで白ワインと黒ワインは白パンと黒パンの違いに等しかった。〈有閑族〉は社会のエリート層を形成しており、繊細なワイン、つまり白ワインあるいはクレレが必要だった。職人たちはエネルギーになる赤ワインあるいは黒いワインを要求した。★53

ルネサンスまでは、聖職者や貴公子たちの飲み物であったため白ワインが優勢であった。プリニウスが言うには、スプレートワインの黄金色、ペトラルカが言うにはボーヌワインの琥珀色など、色は飲む人を表していた。赤ワインは、〈粗野〉で〈ざらざらし〉ていて女性の飲料として不向きであった。★54

フランスの宮廷ではワインが嗜好されていた。「一七世紀の宮廷は、より民衆的とみなされていたビールやリンゴ酒ではなくワインを飲んだ。ギリシア人、ローマ人たちのように水で割って飲んだ。現在よりアルコール度数は低かったが、それでも酸味が強かったからである。水は一九世紀初期まで良質ではなかった。ワインにはしばしば氷を入れて飲んだ」とガルニエ＝ペルは述べている。[★55] ルイ14世は、医者の処方で赤ワインを飲んでいたが、当時は「赤」と言わず、「朱色」と呼んでいた。それほど赤ワインは、宮廷での飲物ではなかったのだ。

今日シャンパンと呼ばれる泡立つワインは一十七世紀の終わりにならないと現れない。ブドウはランスやエペルネ地方周辺でガロ・ロマン時代から栽培されていた。シャンパーニュ地方は大変良質の「発泡しない」赤・白ワインを産出していたが、新しい発泡性ワインが登場して危機に陥った。リムーの発泡性白ワイン（一五三一年すでにピレネーのオード県で登場していた発泡性ワインのこと）にインスピレーションを受けた、エペルネ近くのオートヴィリエ修道院のベネディクト修道士ドン・ペリニョン（一六三八―一七一五）がシャンパンを完成させた。彼はピノ・ノワール、ピノ・ムニエ、シャルドネといった数種の品種を混合し、ベースの黒ブドウから白ワインを作ったのだ。当時は瓶を破裂させる恐れのある発酵したワインを入れるための、分厚く短い円筒形の瓶を作ることは至難の業だった。ビールで同じ問題に直面していたイギリス人たちは樽のシャンパンを持ち帰り、コルクワイヤーを発明したのだった。[★56]

ドン・ペリニョンが、黒ブドウの数々の品種を混合して白ワインのシャンパンを作ったというほど、黒ブドウから作る赤ワインは宮廷のワインではなかったのである。しかしパチパチと発泡するワインは、それまでの発泡しないワインより珍しく、宮廷で流行したことは間違いない。それをよく示しているのが、ジャン＝フランソワ・ド・トロワの《牡蠣の昼食（コラシオン）》（一七三五、図4）とニコラ・ランクレの《豚肉の昼食（コラシオン）》（一七三五、図5）である。

この二つの絵は、ルイ15世がヴェルサイユ宮殿の「狩の帰りの間」にコラシオン（軽食）を取る絵画を、対画として飾るために二人の画家に注文したものであり、両方の絵において、シャンパンが描かれているのがわかる。ランクレは宮廷の若者たちが白い色のシャンパンをシャンパングラスになみなみと注ぎ、泡立っている様子をにぎやかに描いている。対してド・トロ

図4　ジャン＝フランソワ・ド・トロワ《牡蠣の昼食》1735（180×126）、コンデ美術館

図5　ニコラ・ランクレ《豚肉の昼食》1735（188×123）、コンデ美術館

ワの方は、同じく若者たちがシャンパンを開けたとき、コルク栓が上空に飛び上がり、数人の視線がそれを追いかけていることから、コルク栓がどこにあるかもわかるように描かれている。また、食卓におけるワインはテーブルの横にある小卓の氷で冷やされている。冷たいワインを飲まない人には、壁際にある別のテーブルに瓶が置かれている。彼らの食卓には必要なもの以外は置かれておらず、さらにワイングラスが水に浸されている。これはグラスを清潔に保つためである。

ランブールは次のように書いている。

偉大な世紀のエリートたちは、白ワインあるいはクレレそして当時流行であったシャンパンを好んだ。「世界にこれ以上気品があって、美味しい飲み物はない」その「すばらしい芳醇さと魅力的な味わい、嗅覚を満たす風味は死人を蘇らせる」と、L.S.R は書いている[★57]。料理に多くを割かれた料理書に、このようなワインについて書かれた余談は食卓の楽しみに場所を与えているのであり、会食者との共食の性質を物語っている[★58]。

当時の料理書は、料理のレシピ本であると同時にマナーの書でもあった。食卓でのマナーは、一緒に食べる人にとって最も重要なものであり、マナーがない人とはともに食べることはできなかったのである。会食者と楽しく食べるには、礼儀が必要であったのだ[★59]。

フランスのワイン生産量は、フランソワ1世の時代に一五〇〇万ヘクトリットルであったが、ルイ16世の時代には三一〇〇万ヘクトリットルになっているとルクートルは指摘する。[★60] 単純に見ても、二倍強である。その後、ブドウ畑の面積も拡大され、その傾向は一九世紀の後半にピークとなるまで続く。一九世紀の初めに一六〇〇万ヘクタールであったのが、一八七〇年には二三〇〇万ヘクタールになり、フランスではこれが最大の記録となるという。その後は現代まで減少傾向となる。[★61]

5 ワインとオ・ド・ヴィ（ブランデー）

次に、ワインと蒸留酒 eau-de-vie（オ・ド・ヴィ）の関係を見ておこう。上流階級から庶民に至るまでフランスではワインを飲んでおり、イギリスやオランダへの輸出も盛んであったので、フランスにおけるワインの生産量は伸びた。さらに前述したように、キリスト教においても「マタイによる福音書」第二六章二六―二九節（他）には、最後の晩餐のとき、パンがイエスの体であり、ぶどう酒がイエスとの契約の血であると書かれている。キリスト教徒においては、罪を赦してもらう契約の血があって、それがワインであった。だからワインは飲まれた。このような状況下でフランスに「酩酊文化」が根付くことになる。泥酔する人は多く、フランソワ1世はすでに一五三六年の勅令で宗教的にも「罪」あるいは「過ち」とし、酒酔い禁止令を出していた。しかし、日常生活において、ワインは「民衆人気」「酒は体によいとする医療的見地」「陶酔によって自分が高められる可能性」「酒酔いをテーマにした喜劇の成功」「経済的・税収的便宜」という五つの要因を持ち、さらには旧体制下における集団的・祝祭的・周期的・共同体的酩酊を基盤とした社交文化はフランスの伝統であると同時に人間社会の普遍性も含意していた。★62

ブルゴーニュ、ロワール、ボルドー、ラングドック、アルザスといった産地が良質ワインを産出していた。これに対してそれらの周辺の地方では、質的には普通のワインが収穫されていたのだが、一二世紀ごろから蒸留酒を作り始める。蒸留の技術はアラビア人たちの知識に支えられ、錬金術・治療薬として知られていた。一三〇九年にモンペリエ大学の医学部の教授アルノー・ド・ヴィルヌーヴによって「オ・ド・ヴィ」(命の水)と命名され、文字通り、健康によく、寿命を長くする「ワインのスピリッツ」と医者たちが呼び始めたことから、蒸留酒は治療薬として普及し始める。★63 蒸留され純度の高いアルコールが精製された結果、すぐに酔いが回り、安く、ワインよりも保存性が高く、船荷としての安全性も高かった。一七世紀にはアキテーヌ地方のコニャックやアルマニャックが誕生し、イギリスやオランダに輸出される。蒸留酒を飲むと喉が燃えるように熱いので「燃える水」とも呼ばれた。トム・スタンデージによると、アルノー・ド・ヴィルヌーヴが、「蒸留したワインの治療効果を固く信じ」、「ワインの蒸留法の指導法を作成」している。さらに

「命の水は尊い滴の形で生じる。三～四回蒸留を続け、精留してできたこの滴は、我々に

ワインの素晴らしい本質を与えてくれるだろう。我々はこれをアックア・ヴィータと呼ぶ。その名のとおり、まさしく不死の水だからだ。これには寿命を延ばし、悪い体液を取り去り、心臓に元気を取り戻し、若さを保つ働きがある。★64」

と語っている。アックア・ヴィータとはオ・ド・ヴィのことである。蒸留酒は万能薬であったのだ。

一九世紀になり、フランスは近代市民社会の時代になるが、世紀の後半になると、フランスの蒸留酒の生産も減少傾向になる。一八七〇年はブドウ畑の面積もピークになっている。このころのフランスではアルコール中毒が社会問題となっていた。ソルボンヌ第一大学教授ディディエ・ヌーリッソンは、次のように言う。「医学は良いワインと、悪いワインつまり蒸留酒（アルコール）を対立させる。著名な精神科医ルニエ博士は、一八七〇年代からフランス地図を示しながら、南仏の自然が産む良質ワインは、北仏の悪質蒸留酒の普及を妨げる傾向にあるという理論を打ち出している。飲み方も対立させている。ワイン好きは自分の陽気なコミュニケーション力を発揮して社交を求めるのに対し、アルコール好きはむしろ孤独である。自分の食欲は給料の額に従うしかないとみて、一言もいわずに一人で四杯のグラスを空ける方が、会話を即興で作ったり幸福の決まり文句を言ったりして仲間と二杯のグラスを空けるよりずっと好むのである。★65」

また、ヌーリッソンによると、LNCA（国立アルコール中毒反対連盟）の調べでは、「ボルドーにおいて、一八八一年〜一九〇九年の間、蒸留酒の消費が急に落ちた。一方でワインの消費が同じだけ上がった。ワインと蒸留酒の消費の間には反比例関係があった。一方が下がると、もう一方は上がる。」[★66] ルイ・パスツールも断言している。「ワインは飲物の中で最も健全で最も衛生的な飲料である。」[★67]

一八七七年にエミール・ゾラ（一八四〇－一九〇二）が書いた小説『居酒屋』*L'assommoir*は、ちょうどこのころのフランスが舞台になっている。南仏からパリに出てきた酒好き帽子職人のランチエとの間に二人の子どもがいる主人公のジェルヴェーズ。彼女は帽子職人に捨てられ、大工職人のクーポーと結婚をして娘を一人産む。クリーニング屋でまじめに働いている彼女はいつか独立して自分の店を持ちたいと思っている。借金をして夢はかなうが、夫のクーポーが屋根から足を滑らせて落下し、命は助かるものの働けなくなる。クーポーは最初はおとなしく家にいたが、そのうち居酒屋に通うようになり酒浸りになっていく。さらにランチエが戻ってきて、三人は一緒に住み始める。それでも働き者のジェルヴェーズは一人で生計を立てていた。しかし借金はかさみ、返済はできず、店を手放し、彼女も居酒屋に行くようになる。クーポーは精神病院へ送られて死に、ジェルヴェーズも孤独のまま死ぬという結末である。この物語は、労働者が悲惨な生活を強いられ、強い蒸留酒にいやおうなく溺れていく姿を描きだしている。ワインはよいが、リキュールも含めた蒸留酒は死への道なのである。

クーポーがジェルヴェーズを口説いているのがコロンブ親方の居酒屋で、その店の看板には端から端まで大きく〈蒸留〉*Distillation*という文字が書かれている。ジェルヴェーズとクーポーが出会った最初のころの二人の会話は、次のようであった。「彼女は語った。昔、プラッサンで母とアニス酒を飲んでいた。でも彼女はある日それで死にかけた。だから大嫌いだ。リキュールなんてもう見ることができない。」[★68]「クーポーも蒸留酒（eau-de-vie）を何杯も飲むことができるなど理解できなかった。あちこちでプラム一つなら悪くはない。しかし安酒、アブサン、その他の汚ならしいものはお断りだ！」[★69] さらにクーポーは、「彼は、胸をたたいて、ワインしか飲まない、常にワイン、決して蒸留酒（eau-de-vie）じゃないということをひけらかす。ワインは寿命を長くし、病気にさせず、酔っぱらわせない。」[★70] と自慢をする。

またクーポーの仲間の一人は、「蒸留酒（eau-de-vie）は他の人の腕を萎えさせるかもしれないが、彼の血管には血ではなく、蒸留酒が必要だ。さっきの一滴は彼の骨を大釜のように温め、彼は蒸気機関車の聖なる力を感じていた。」[★71] この文において、労働者の血管に流れているのは、血ではなく蒸留酒だというのが興味深い。キリストの血であったワインは労働者の役に立たず、その代わりに蒸留酒が体を作っている。まるで蒸気機関車が石炭を燃やして動くように、燃えるように熱くする純度の高いアルコール蒸留酒があってこそ、長時間の労働に耐えられるということなのである。また別の酔っ払いは、「誰かが彼の口にマッチ棒を近づけたら、松明のように火がついただろう。」[★72] という。労働者たちは、身体全体が鉄のようになってしまい、蒸留酒しか受け付けない。その中に流されるアルコールが燃えてこそ、力がでるのだ。しかし毎日泥酔するクーポーは、サン゠タンヌ精神病院に入り、出たり入ったりしながら彼の身体は縮んでいくのである。「毒は彼の中で容赦なく働いていた。彼の体はアルコール漬けになり、薬剤

師の店にある広口瓶の中の胎児のようにしなびていた。」[★73]
アルコールによる死は緩慢だが確実である。誠実なジェルヴェーズが居酒屋で夫を見つけた場面は、次のように書かれている。

彼（クーポー）は仲間と強い安酒をおごり合いで飲んでいた。（…）彼女（ジェルヴェーズ）は彼らを監視していると思われるのが嫌で足早に通り過ぎた。しかし彼女は振り返った。安ブランデーの小グラスを慣れた様子で口に入れていたのはやっぱりクーポーだった。嘘をついていたんだ。もう蒸留酒に手をつけていたんだ。彼女は絶望的になって家に帰った。蒸留酒の恐ろしさが彼女を襲った。ワインだったら彼女は許していた。なぜならワインは労働者に栄養を与えるのだから。アルコールは反対に労働者からパンの味を奪いとる有害物であり毒物であった。ああ、政府はこんな汚いものの製造を禁止すべきだったのに。[★74]

このようにジェルヴェーズにもその仲間たちにとっても、ワインと蒸留酒は明確に区別されている。ワインが健康によい酒で身体の血になるのに対して、蒸留酒は、身体の中で燃える火であり、身体を内側から燃やし、錆びさせ、破壊していくのである。ちなみに小説のタイトルassommoirには、（家畜を殺す）棍棒、古くは酒場という意味がある。
実は、フランスのワインと蒸留酒の関係は、イギリスのビールと蒸留酒の関係と同じである。ウィリアム・ホガース（一六九七―一七六四）の対画《ビール街》（一七五〇―五一、図6）と《ジン横丁》（一七五〇–五一、図7）を見れば一目瞭然である。

フランスと異なり、イギリスはブドウが育たないので、大麦を素材とするビール文化が形成された。ジンは一七世紀のオランダで杜松《ネズ》の実を使って作られることが発見され、一八世紀になってイギリスに入ってきた。[★75] ビールやリンゴ酒の値段が高騰したこともあり、安く手に入り、すぐに酔うことができる蒸留酒ジンが瞬く間に民衆に広がった。ホガースはビールを飲む人とジンを飲む人の違いを対照的に描いている。《ビール街》では建築物も安定しており、人物たちも楽しく働いている。屋根に上って修理をしている労働者も足を滑らせていない。商業も繁栄している。ところが労働者が多く住むイーストエンドを描く《ジン横丁》では、人々は何としてでもジンを買うお金を作ろうとし、飲んで挙句の果

図6　ホガース《ビール街》1750-51
東京大学経済学図書館デジタルミュージアムより

図7　ホガース《ジン横丁》1750-51
東京大学経済学図書館デジタルミュージアムより

てに意識が朦朧となり、死んでいく姿が表象されている。中央に描かれている女性は嗅ぎたばこに夢中で自分の赤ん坊が落ちていくのがわからない。大人だけでなく子どもたちもジンを飲んでいる。右端の女性は、ジェルヴェーズの母親がそうしたように、自分の赤ん坊にジンを飲ませている。これでは一生ジンから逃れられない。「富裕層の多くは、これを単純な善悪対比図と見なした。ビールを飲めば神に祝福され、ジンを飲めば地獄行き」[★76]と人々は解釈した。ジンの消費量は一旦下がるが、次のヴィクトリア朝時代になって、再びジンが復活する。「飲んだくれるのは彼らが悪徳の主だからであり、無能無知で怠け者ゆえに貧乏から脱却できず、今の不幸は全て自業自得だ、と突き放す者が多かった。そしてついに、人間以下の彼らには何をしてもいいのだと考える輩《やから》が現れる」[★77]。大切なのは、やはり、アルコールも自己責任ということであり、人間は堕落すると動物になるという教訓をアルコールが担っているのである。ワインとビールは繁栄への道であるが、ジン、アニス酒、ブランデー、コニャック、リキュールなどの蒸留酒は地獄への道なのだ。

6　テロワール

ワインについて話すとき、テロワールという言葉をよく使う。最後にテロワールとアイデンティティーの関係を考えてみよう。

テロワールterroirという単語は、中世の辞書にもあり、アカデミー・フランセーズの辞書第八版（一九三五）まで、シンプルに「耕地」の意味で使われていた。ところが、TLFi（一九九四）においては、第一義に「耕地」という意味だが、「農産物を生み出す土地」、「特にワインに特別の性質を伝える土壌という観点」から使われる。第二義では「その農村の特徴、伝統、文化、特産物」という視点から、「そこで生き、あるいはその出身の人々」を指し、「ある人の出身地」という意味でも使われる。つまり、最初はまず「土地」自体を指していた。次に土地と人との関係において定義される言葉となっていく。二〇世紀になって、意味が変化したといえる。そもそもテロワールは、領地territoireという言葉から派生しており、人が自分の縄張りとした土地である。そこで人間が生活し始めたのであるから、農産物と関わりがあることも理解できよう。ある地方で収穫される食材は、その土地の気候、風土、文化などによるもので、そうであればその土地の農産物とそこで穫れる飲料であるワイン、あるいはビール、あるいは果実酒といったものと組み合わせがよいからこそ、美味しく食せるといえる。

ヌーリッソンによると、「一五八六年、『農家』の中で、リエボーとエチエンヌは食物とワイ

図8　ボルドーのワイン醸造所（吉村智美撮影）

ンはともに「気質」を持っていて、健康を保持し、気質のバランスをとるには、その土地の農産物しか消費してはいけない。というのもテロワールは異なっているのだから」[★78]と説明されている。ところが「一七世紀に、始まりつつあった宮廷社会において、テロワールは非常に軽蔑的な意味、いわば「農民」という意味を持っていた。「テロワールの味がする」「テロワールの臭いがする」という意味は、社会的に評価を下げることを指し、その人を上級社会から排除することであった。フュルチエールが編纂した辞書（一七〇一、第二版）には、プロヴァンス地方の人は「テロワールの悪徳」を意味すると書かれている。なぜなら彼らの言語なまりは礼節を欠いていたからである。」[★79]ところが「啓蒙主義とフランス革命の一八世紀になると、テロワールは品格を獲得し、与えられた領地に住む人の独特の性格を指す言葉となる。テロワールが国民的アイデンティティーの定義に役立つときがきたのである。一九世紀になると、テロワールは地方、地域と同義語で、民俗的記述の中で考察される。ワインのテロワールは、態度、慣習、特別な思考を持った社会といったことを表現し始める。」[★80]こうして「テロワールは地理学的領域を指し、その地質学的、土壌学的、気候学的特徴が他のテロワールとは異なるオリジナルワインを産出することができる地理的エリアを指すのである。」[★81]

テロワールが「農民」を指していたころ、農民たちは生まれた土地を離れることなく土地なまりの言語を話していた。彼らの素朴でストレートな話し方がマナーを欠くという意味をもたらしたことは想像に難くない。なぜなら貴族たちは洗練された言葉を選び、迂回して話すことで全員が同じ言語を理解し、それによって宮廷マナーを身に付けていったからである。

また、フランス語の農民paysanという言葉は、「地方」「故郷」から派生しており土地と関連している。それより古い農民laboureurという言葉は「耕す人」という意味であるからやはり土地と関連している。ところが、日本では特に土地と関連した農民を表す言葉はない。

しかし、テロワールは本来土地・農産物を指して使われるものであるが、特にワインの場合を指すのはなぜであろうか。また、人との関係で土地を考えるというのはどういうことであろうか。テロワールに、その土地で穫れる食材の性質、その食材を作った人々およびその人々の習慣、歴史などが関わっている場合、その土地から産出される食材を語るべき理由があるだろう。

図9　ボルドーのワイン畑（吉村智美撮影）

一九世紀になって、一般の人々に広くワインが浸透し、消費者が増え、生産量も上がっていった。同時に、ワインをこよなく愛する愛飲家が生まれ、味がわかる人々がでてきた。しかし、一八六〇年ころ、フランスのブドウ畑で疫病が発生した。それはフィロキセラ菌といい、ブドウの木の根に寄生しブドウの生長を止めてしまう菌で、瞬く間にヨーロッパ全土に広がった。フランスのブドウ畑は壊滅状態になった。そこで考えられた解決策は、フィロキセラ菌に侵されないアメリカの台木にヨーロッパ系のブドウ樹を「接ぎ木」することであった。こうしてフランス・イタリア・スペインのヨーロッパ三大ワイン大国のブドウ栽培が復活した。

しかし同時にワインの消費は世界中に広がり、ワインは三大国の独占ではなくなった。人々は、ワインの品種（たとえばカベルネ・ソーヴィニョンやピノ・ノワールなど）と土壌とを区別して考えるようになり、技術により世界中のどこでもワインを生産できることがわかった。そこで進出してきたのがテクニカルワインであり、基準に達した美味しいワインが世界中どこにいても飲めるようになった。ワインのグローバル化といってもよい。こうした背景をもとに、ヌーリッソンは、テロワールは「グローバルに対するローカルの反撃である」[★82]と述べている。

このグローバルワイン（あるいはテクニカルワイン）は、ワインの品種と土壌を切り離して考えることで可能になった。それは言ってみれば、人とその故郷を切り離して考える考え方である。生まれたからと言って、そこで育つ必要はない。世界のどこへ行っても同じ品質のワインが楽しめる加工ワインがテクニカルワインである。今や、ワイン生産は、フランス・イタリア・スペインの特許ではない。世界中で高品質のワインが生産されている。しかし、ワインジャーナリストのジャッキー・リゴーは皮肉たっぷりに、「ワイン醸造の過程で、糖分、酸、タンニン、醸造酵母などが添加される。その結果、どのワインも似たり寄ったりの味になる。こうした加工ワインの場合、味わいを特徴づけるのはぶどう品種の違いだけだ。いうまでもないが、生産地の特性はほとんど失われている。どこで造っても同じ味わい、ということだ」[★83]と語っている。

このようなテクニカルワインに対して、「テロワールワインは、単なる消費者製品ではない。

正しく評価するには教養と美的感覚が必要であり、ワインを愛する人のための文化的創造物なのである」[★84]とテロワールワインを擁護する。世界中の人々が、美味しいワインを飲めるようになった現在、「消費物」としてのワインではなく、「産物」つまり、ブドウが育つ土地と自然環境、その土地を耕し整地した人間が産みだしたワインが大事なのだという。この概念がテロワールである。その土地をよく知り、その土地のあらゆる自然と闘い、また恩恵を受けてきた人とがつながっているという考え方である。また、もっと言うならば、「テロワールとは、ヨーロッパの、主としてフランスの、もっと正確にいえば、ブルゴーニュ地方の概念」[★85]である。特定の地域から選ばれた品種だけを栽培するのが、歴史的・伝統的なブルゴーニュワインだからである。それをブドウ栽培者は、ティピシテ typicité（典型的個性）と呼んでいる。

現代の日本では、カリフォルニア、チリ、アルゼンチン、南アフリカ、オーストラリアなど世界的に知られている高品質のワインが楽しめる。ジャン＝ロベール・ピットは、「新世界や南半球のワインの多くは、今日質の方向に、すなわちテロワールのワインに向かいつつあることが見受けられる。工業生産的なワインと地理的基礎に立ったワイン（環境に似て、しかも生産者の感覚を体現するワイン）との違いがわかる愛飲家が、世界中でますます増えているからだ」[★86]と言う。二〇〇六年当時、ラングドック・ルシヨン地域知事は、「グローバリゼーションに直面して、ワインを二つのカテゴリー、すなわち「供給促進」に対応するワインつまりテロワールとティピシテに属するワイン（言外にエリート向けの高価なワイン）と「需要促進」に属するワインすなわちヴァン・ド・ペイやテーブル・ワインつまり「とくに品種や商標によって特定化されるワイン」に二分すべきだと提案した」[★87]。ここで注意したいのは、またしてもワインがアイデンティティーを決定する要因となりつつあることである。社会階級を決める決定的な基準となっている。エリート向けのワインと大衆向けのワインを二分しようという考え方である。テロワールワインはエリート向けのワイン、その他のワインは大衆向けのワインである。

世界的に優れたワイン鑑定家の一人、ジャック・ペランは、女性作家コレットの言葉「植物の王国のなかで、大地の真の味わいを感じられるのはぶどうだけである」[★88]を引用して、次のようにテロワールを表現している。「想像力にあふれたワインの世界があることを忘れてはいけません。この本質的で象徴的な次元が失われてしまったら、ワインは喉の渇きをいやすだけの単なる飲みものになりさがってしまいます。そうなれば市場競争に打ち勝つための洗脳的な広告に頼らざるを得なくなるでしょう。」[★89]そしてペランは「テロワールは貴族社会的な概念（区画の優劣という考え）にもとづいている」[★90]と言いきっている。テロワールは、土地、人間を含むワインのイメージ世界を構成しており、それこそが貴族社会的な概念であるというのだ。どこででも作れるワインとは異なる。

こうしてフランスのワインは、まずビールと異なるアイデンティティーを形成し、ブルゴーニュワインに見られるように、その土地でしか、あるいはその区画（畑）でしか育たないテロワールであり、他のワインと異なるアイデンティティーを持つに至る。

ヨーロッパの、そしてフランスの土地に根付く植物であるブドウと人間との関係をかくも象徴的に示した食材はワインの他はない。そしてそのことは、再度我々を、古代ギリシア神話のオデュッセウスの故郷であるイタケ島に引き戻すのである。イタケ島（Ithakē、ルコント・ド・リールの仏訳）は、ギリシアの西端の山に覆われた、約九六平方キロメートルの面積しかない小島である。この山を開拓して果樹園を作ったのはオデュッセウスの父ラエルテスであった。この果樹園にはブドウの畝が五〇畝あり、果樹園はオデュッセウス不在の間、ラエルテス自身の手で維持管理されていた。ヨーロッパではこの時代からワインが製造されていた。それは国王の権力と結びついたものであった。父ラエルテスと再会を果たすオデュッセウスは、みすぼらしい服を着ている父に近寄って、次のように話しかける。

図10　クレタ島クノッソス宮殿遺跡アンフォラを運ぶ奴隷たち（想像復元図）（筆者撮影、2023年）

> お前は悲しい老いにさらされると同時に、汚い恥ずかしい服を身にまとっている。お前の主人はおそらくお前の怠慢さによってお前を無視しているわけではあるまい。なぜならお前の風貌は決して卑しいものではなく、お前の美しさ、威厳からすると一国の王のようである。お前は老人の習慣からすれば風呂と食事のあと、柔らかなベッドに眠る人々のよう

だ。真実を話してくれないか。（二一九–二七九節）[★91]

このように、ブドウを栽培する人は気品がある。古代ギリシアから続く飲料であるワインは、白ワインでも赤ワインでもクレレでも、フランス人にとっては常に高貴で高級な飲物であり、それによってマナーを学び、他者と自分を区別するアイデンティティーとなる飲物であったのである。

＊＊＊

フランス人の食卓においてワインがどのような重要性を持っていたか研究してきた。まず、パリに行って必ず目にするのが、レストラン、ブラッスリー、ビストロといった名前、あるいはレストラン・ブラッスリー、レストラン・ビストロといった複合形の名前を持つ店である。これらは混同しがちであり、外部の人間にはわかりにくい印象を与えるだろう。しかし、これらのワインを飲む空間は、その歴史的起源が明確に異なっている。レストランは、「体力を回復する」という意味から「ブイヨン（＝スープ）」へと意味が転じ、最後はシェフが腕を振るって美味しい食べ物を供給する場所となった。ブラッスリーは「ビールの製造所」であり、「ビールの販売所」であり、「ビール」であったが、今では、何でも提供する大衆向けレストランとなった。ビストロは、比較的新しい語であり、「ワイン商人の使用人」から「居酒屋の亭主」

という意味になり、「居酒屋」を指すようになった。ビストロは、レストランやブラッスリーに比べて、人と人の繋がりが見えるアットホームな空間である。

フランスで飲まれている酒というとワインとビールがあげられる。ワインとビールはともに、メソポタミア文明期にすでに登場している。ワインはビールよりも高級であり、ビールが日常的アルコール飲料だとすれば、ワインは高価でなかなか手に入らなかったところから、ワインを飲む人は、国王や貴族であり、また権力の象徴でもあった。ブドウが、北緯・南緯二五〜五〇度あたりに生育する果樹であり、それより北、あるいは南に行くと生育しないこともその価値を高めた。

古代ギリシア人は、このワインを貴重な飲物として扱い、宗教的儀式に用いた。そして、ビールを飲む人々と区別して自分たちのアイデンティティーを確立した。ギリシア人はワインを生のまま飲まず、水で割って香りを引き出す飲み方をした。シンポジウムの語源となったシュンポシオンでは、食事をしたあとに、哲学談義をしながら飲む酒としてワインが存在し、自制心を保ち最後まで議論ができることがシュンポシオンのマナーであった。古代ローマにおいても野蛮な周辺諸国との差別化にワインは役割を果たした。ワインは文化的生活を促進し、またキリスト教徒にふさわしく、神と一体化する契約の血とみなされ、ヨーロッパに急速に普及していく。フランス宮廷においても、白ワイン、クレレ、シャンパンは、黒いワインを飲む下層階級と差別化する役割を担った。宮廷人はワインは飲んでも蒸留酒オ・ド・ヴィ（ブランデー）は飲まない。ワインは健康によいが、蒸留酒は体を壊す。蒸留酒は労働者のアルコールである。

5

フィロキセラ菌が発生して以来、ヨーロッパ特にフランス、イタリア、スペインのワイン畑は壊滅した。そこに登場したのがテクニカルワイン（加工ワイン）であり、ブドウの品種と土壌を切り離して考えることで、世界中で生産されるようになる。これはワインのグローバル化ともいえる現象である。これに対してテロワールという概念、美味しいワインは、ブドウが育つ土地と自然環境、その土地を耕し整地した人間との切っても切れない関係から生まれるものであるという考えが生まれる。大量生産されないこれらのワインを、フランス人はエリート層のワイン、貴族的ワインと呼び、再びワインによってアイデンティティーを求めている。

ワインはフランス人にとっていつの時代でもアイデンティティーを形成するものであり、マナーを生み出すものであったことは間違いない。

註

★1　Pitte, J.-R., « Naissance et expansion des restaurants », *Histoire de l'alimentation*, sous la direction de Jean-Louis Flandrin et Massimo Montanari, Fayard, 1996, p.767.

★2　Ibid.

★3　Ibid., p.771.

★4　Rambourg, P., *Histoire de la cuisine et de la gastronomie françaises*, Édition Perrin, 2010, p.87.

★5　Pitte, J.-R., op.cit. p.771.

★6　Ibid., p.772.

★7　Ibid., p.773.

★8　Ibid., p.769.

★9　Arnaud, M., « Ne plus confondre brasserie, bistro et café ! », *Madame Figaro*, le 16 mai 2019, mis à jour le 15 sept. 2020, https://madame.lefigaro.fr/cuisine/quelles-sont-les-differences-entre-brasserie-bistrot-et-cafe-160519-165104, 二〇二四年四月一四日閲覧

★10　Ibid.

★11　Kronenbourg, https://kronenbourg.com/lentreprise/brasseries-kronenbourg/lhistoire-de-brasseries-kronenbourg/, 二〇二四年四月一四日閲覧

★12　*Le Figaro*, publié le 15 avr. 2022, https://www.lefigaro.fr/langue-francaise/actu-des-mots/bistrot-forcene-ces-mots-dont-vous-ignorez-l-origine-20220415, 二〇二四年一二月七日閲覧

★13　辻静雄『パリの居酒屋』柴田書店、一九七一、二頁

★14　同上、三頁

★15　スタンデージ、トム『世界を変えた6つの飲み物　ビール、ワイン、蒸留酒、コーヒー、紅茶、コーラが語るもうひとつの歴史』新井崇嗣訳、インターシフト、二〇〇七、二四頁

★16　同上、二五頁

★17　同上、三四頁

★18　同上、四三頁

★19　Joannès, F., « La fonction sociale du banquet dans les premières civilisations », *Histoire de l'alimentation*, op.cit., p.49.

★20 Ibid., p.50.
★21 Ibid., p.56.
★22 スタンデージ、前掲書、三五頁
★23 同上、三五-三六頁
★24 同上、四五頁
★25 同上、四六頁
★26 Joannès, F., op.cit. p.55.
★27 Rowley, A. & Ribaut, J.-C., *Le Vin : Une histoire de goût*, Gallimard, 2008, p.26.
★28 スタンデージ、前掲書、六〇頁
★29 同上、五六頁
★30 Leconte de Lisle, C.-M.-R, *L'Odysée*, traduction nouvelle, Alphonse Lemerre Éditeur, 1877, p.131. Source gallica.bnf.fr / BnF, 二〇二四年五月一八日閲覧（日本語訳はホメロス『オデュッセイア』下巻、松平千秋訳、岩波文庫、二〇一〇を参照）
★31 Ibid., pp.367-368.
★32 山本博『ワインの歴史　自然の恵みと人間の知恵の歩み』河出書房新社、二〇一〇、五七頁
★33 Nourrisson, D., *Une histoire du vin*, Perrin, 2017, p.33.
★34 Leconte de Lisle, C.-M.-R., op.cit., p.365.
★35 Revel, J.-F., *Un festin en paroles : Histoire littéraire de la sensibilité gastronomique de l'Antiquité à nos jours*, Nouvelle édition revue et augmentée, Plon, 1995, p.114.
★36 Nourrisson, D., op.cit. p.33.
★37 Ibid., p.34.
★38 プラトーン『饗宴』森進一訳、新潮文庫、一九七七、一五頁
★39 同上、一八頁
★40 Pitte, J.-R., *Les accords mets-vins un art français*, CNRS ÉDITIONS, 2017, p.10.
★41 プラトーン、前掲書、一〇七頁
★42 スタンデージ、前掲書、七二頁
★43 同上、七三頁
★44 ピット、ジャン＝ロベール『ワインの世界史　海を渡ったワインの秘密』幸田礼雅訳、原書房、二〇一二、七七頁

★45 Lecoutre, M., *Atlas historique du vin en France De l'Antiquité à nos jours*, Préface de Jean-Robert Pitte, Cartographie Hugues Piolet, Édition Autrement, 2019, p.13.
★46 Rowley, A. & Ribaut, J.-C., op.cit., p.35.
★47 Lecoutre, M., op.cit., p.21.
★48 Montanari, M., « Structures de production et systèmes alimentaires », *Histoire de l'alimentation*, op.cit., p.288.
★49 Rowley, A. & Ribaut, J.-C., op.cit., p.29.
★50 Lecoutre, M., op.cit., p.32.
★51 Ibid.
★52 Ibid.
★53 Flandrin, J.-L., « L'alimentation paysanne en économie de subsistance », *Histoire de l'alimentation*, op.cit., p.618.
★54 Rowley, A. & Ribaut, J.-C., op.cit., p.113.
★55 Garnier-Pelle, N., *Vatel Les fastes de la table sous Louis XIV*, Collection Château de Chantilly, In Fine éditions d'art, 2021, p.62.
★56 Ibid.
★57 L.S.Rは、エドモン・ネランクによると、本当の名前は不詳で、おそらくカリニョン公夫人に仕えていた食膳係であったという。彼の代表的な料理本は『巧みに饗応する術』（一六七四）というもので、一七世紀に激化した料理論争で、伝統派のラ・ヴァレンヌを厳しく批判しているが、彼自身の本は後代にまで影響を持ち続けた。（プーラン、ジャン＝ピエール＆ネランク、エドモン『プロのためのフランス料理の歴史　時代を変えたスーパーシェフと食通の系譜』山内秀文訳、学研プラス、二〇〇八、三六頁）
★58 Rambourg, P., op.cit., p.175.
★59 すでに中世の時代から食卓の衛生について人々は敏感であった。「コップとトランショワールを共有する会食者たちは清潔さに配慮した。隣の人にコップを渡すとき、親指を置いてはいけない。グラスは脚（ステム）を持って渡す。」（Alexandre-Bidon, D. & Mane, P., *À table au Moyen Âge*, Exposition présentée à la Tour Jean sans Peur, 2015, p.15.）マナーは共食によって発展するものである。
★60 Lecoutre, M., op.cit., p.36.
★61 Ibid., p.58.
★62 Ibid., p.54.

★63 Ibid., p.46.
★64 スタンデージ、前掲書、一〇七–一〇八頁
★65 Nourrisson, D., op.cit., pp.221-222.
★66 Ibid., pp.223-224.
★67 Ibid., p.222.
★68 Zola, E., *L'Assommoir*, Fasquelle, 1979, p.48.
★69 Ibid., p.49.
★70 Ibid., p.141.
★71 Ibid., p.190.
★72 Ibid., p.217.
★73 Ibid., p.436.
★74 Ibid., p.216.
★75 中野京子『怖い絵　死と乙女編』角川文庫、二〇一七、二一七頁
★76 同上、二一八頁
★77 同上、二二〇頁
★78 Nourrisson, D., op.cit., p.327.
★79 Ibid.
★80 Ibid.
★81 Ibid., p.329.
★82 Ibid., p.330.
★83 リゴー、ジャッキー『テロワールとワインの造り手たち　ヴィニュロンが語るワインへの愛』野澤玲子訳、作品社、二〇一〇、一五頁
★84 同上、二三頁
★85 同上、二三頁
★86 ピット、前掲書、二七三頁
★87 同上、二七一頁
★88 ペラン、ジャック「テロワールの喧騒」『テロワールとワインの造り手たち　ヴィニュロンが語るワインへの愛』

★89 リゴー、ジャッキー編、野澤玲子訳、作品社、二〇一〇、四〇頁
★90 同上、四〇頁
★91 Leconte de Lisle, C.-M.-R., op.cit., p.365.

コラム

Column

これまでの章では、フランスのおもに中世から一九世紀の食の歴史を紐解き、「料理」「パティスリー」「パン」「家庭料理とくにジャガイモ」「ワイン」を考察してきた。筆者が大学で担当した授業「フランス食文化研究」では、各領域の専門職の方を講師として迎え、現代日本におけるフランス食文化の〈今〉を語っていただいた。以下はそのプロフェッショナル五人に協力していただいたコラムである。

Column 1

ワインの基礎知識*10*

吉村智美
（ワインバー「ラタフィア」店主、九州日仏学館　ワイン講師）

1.ワインの色はどこから

ブドウ原料の醸造酒・ワインには、赤ワイン、白ワイン、ロゼワイン、オレンジワイン、黄色ワインがあります。ワインの色は、ブドウの皮が由来です。例えば、黒ブドウからは、赤ワイン、ロゼワインができ、ブドウの皮を取り除くと白ワインができます。赤ワインの色は、アントシアニンという皮に含まれる成分によるものです。オレンジワインは、白ワイン用のブドウを長時間漬け込む事によってオレンジ色に近い色が出ます。八千年の歴史あるジョージア発祥のワインです。

2.ワインの澱の話

ワインの発酵は、酵母の力によって始まります。この酵母の死骸が沈殿物となって、瓶の底に沈み、ワインの澱《おり》になり、赤ワインにも白ワインにも存在します。酵母の死骸はたんぱく質で、分解されてアミノ酸になり、更に旨味成分に変化します。フランス北部のロワール地方には、樽の中で澱と一緒に寝かして旨味をワインに移す、「シュール・リ」という方法で作られた白ワインもあります。澱は飲んでも害はありませんが、舌触りが悪かったり、渋み成分が強かったりするため残すのが一般的です。熟成したワインのコルクに時々、「ワインのダイヤモンド」と呼ばれる結晶が見られます。これは、酒石酸《しゅせきさん》が、カリウムなどのミネラル分と結合してできた結晶です。

3.ワインの香り

ワインの香り（アロマ）は大きく三つに分類することができます。第一の香りは、グラスに注いだときに出る香りで、果実、花、草木、スパイスで、白ワインの場合は柑橘系果実やリンゴ、洋ナシ、赤ワインはカシス、木苺、ブラックチェリー、スミレ等のブドウ品種由来の香りです。第二の香りは、グラスを回したときに出る、発酵由来の香りで、吟醸香《ぎんじょうこう》、バナナ、バター等の香り等です。第三の香りは、熟成から来る香りで、フランス語でブーケ（花束）とも呼ばれます。腐葉土やなめし皮、新樽を使ったときに出る、バニラやココナッツの香りがあります。

4．シャンパーニュの作り方

シャンパーニュとはフランス北東部のシャンパーニュ地方で造られるスパークリングワインで、基本的な品種は、シャルドネ、ピノ・ノワール、ピノ・ムニエです。ピノ・ノワール、ピノ・ムニエは黒ブドウですが、皮を省き、ジュースのみを使用するので、赤ワインの色はつきません。まず白ワインを作り、瓶の中に酵母としょ糖を入れて、もう一度発酵させます。この瓶内二次発酵中に泡が生まれ、それを瓶の中に閉じ込めて、ピュピトルという木でできた板に瓶口を斜めにして並べて、ルミアージュという動瓶作業をして、約三ヶ月かけて澱を瓶口に集めて、マイナス二〇度の塩化カルシウム水溶液につけて、澱を凍らせ、王冠と一緒に取り除き、門出のリキュール添加をして味わいを調整し、コルクとミュズレという王冠を付けて針金で固定します。この作り方をメトード・トラディッショナルといいます。このようにして、美しい泡が生まれ、この泡をフランス語では、コリエ（首飾り）といいます。

5．オレンジワインの作り方

ジョージア発祥のオレンジワインの原料は白ブドウで、「クヴェヴリ」と呼ばれる素焼きの甕《かめ》に白ブドウを茎ごと入れて、発酵させます。六ヶ月間、ブドウの茎と皮を入れることによって、ワインにオレンジの色素が付きます。この伝統的なワイン作りは、二〇一三年にユネスコ世界文化遺産に登録されました。味わいは熟成した白ワインのようで、アプリコットや桃、ナッツの香りを感じて、厚みがあり、余韻に心地よいのタンニン（渋み）があります。ジョージアの郷土料理、白チーズたっぷりのピザの原型のような「ハチャプリ」や大きな小籠包に似た「ヒンカリ」との相性がとても良いです。昨今、日本、イタリア、フランス等でもオレンジワインが作られており、世界中で注目されているワインです。

6.ワインの銘醸地ボルドーの伝統菓子とワインの関係

「カヌレ・ド・ボルドー」は一六世紀に修道院で生まれた、外はカリっと、中はモチモチとした焼き菓子です。フランス南西部のボルドーでは、赤ワインの澱引きの際に、泡立てた卵白を樽に流し入れる伝統的な生産者がいます。残った卵黄で考案されたお菓子が、カヌレです。卵黄に、小麦粉、砂糖、牛乳、ラム酒を入れ、蜜ろうを塗った銅のコック帽のような容器で焼かれたお菓子です。こんがりと焼かれたカヌレは、ボルドーの赤ワインとの相性も抜群です。

7.ボージョレ・ヌーボ解禁

フランス南東部ボジョレ地方の新酒という意味のワイン「ボージョレ・ヌーボ」は、毎年一一月の第三木曜日が解禁日です。「ガメイ」という赤ワイン用の品種を使い、ブドウの房のままタンクに入れて発酵させます。ブドウの重さでブドウ果汁が出されて、自然に発酵が始まり、タンクの中に炭酸ガスを充満させる「マセラシオンカルボニック（炭酸ガス浸漬法）」という醸造方法でフレッシュでフルーティーなワインが生み出されます。通常のワインは一年以上かかるのですが、このやり方ですとわずか二ヶ月で仕上がります。ワインの香りは、いちご、木苺、バナナ、スミレを感じ、味わいは、控えめなタンニン（渋み）、フルーティーで飲みやすい赤ワインです。

8.牡蠣とワイン

フランスでは一年中生牡蠣が食べられます。フランスの昔ながらの牡蠣は丸くて、ブロンと呼ばれ、ブルターニュ地方で生産されます。ボルドー近辺の牡蠣は、日本から来たマガキの船形です。緑色の珪藻《けいそう》を食べ、牡蠣の口の部分がエメラルドグリーンになる、高級なクレールの緑牡蠣（ヴェルト・ド・クレール）もあります。レストランではキャビアが添えられ、シャンパーニュと一緒に頂き、ボルドーでは、赤ワインビネガーとエシャロットのソース、バターとライ麦パン、それから冬には小さなソーセージが添えられ、地元のソーヴィニヨンブランの白ワインと共に頂きます。

9．ノエルに一三種類のデザートと甘口ワインを

南フランスのプロヴァンスでは、クリスマスイブに一三種類のデザートを頂く風習が残っています。一三という数は、キリストの「最後の晩餐」の人数です。フーガスという葉っぱの形をしたパン、はちみつのお菓子、白ヌガー・黒ヌガー、フルーツの砂糖漬け、ナツメ、干しイチジク、干しブドウ、アーモンド、クルミ、アーモンドペーストのお菓子、カリソン、ブドウやオレンジなどのフレッシュフルーツ等々……これらを地元のヴァン・ドゥ・ナチュレルと呼ばれる発酵中のワインにブランデーを添加し発酵を止めて作られる、天然の甘口ワインのミュスカ・ド・ボーム・ド・ヴニーズ等と頂きます。クリスマスは日本のお正月のように家族と過ごし、自宅でディナーを楽しんだ後には、教会のミサに参加します。教会では一二月二五日午前〇時に、イエス・キリストが誕生した場面を再現したクレッシュという模型の中に、幼子イエスが子供達によって運ばれます。

10．細身ボトルのアルザスワイン

フランスとドイツの国境沿いのワイン産地、アルザス地方では、リースリング、ピノ・グリ、ミュスカ、ピノ・ブラン、シルヴァネール、ピノ・ノワールが栽培されており、多くの白ワインが作られています。基本的には一種類の品種で作られ、ブドウ品種の名前がワインのエチケット（ラベル）に書かれています。時々エデルツヴィッカーやジャンティーとラベルに記されたワインに出会う事があります。単一品種のワインに比べるとお買い求めやすく、果実味豊かでバランスの良い味わいで、初心者の方にもオススメの一本です。また、ゲヴェルツトラミネールという品種は、アロマティック品種といわれ、白バラ、白コショウ、ライチの香りが特徴的です。現地ではフォアグラのテリーヌやマンステールというウォッシュタイプのチーズにクミンシードを添えたものと楽しみます。

Column 2

フランス料理は日本でどのように浸透、進化し、今後はどうなるのか？

（兵頭賢馬
日本ボキューズドールアカデミー）

オーギュスト・エスコフィエは現代フランス料理を確立し、彼が一九〇三年に刊行した『ル・ギッド・キュリネール』には五千を超えるルセット（レシピ）が記されています。この本は我々にとって基礎であり古典であります。

フランス料理が大きく変化を遂げるのは一九七〇～八〇年代。この時代に活躍したポール・ボキューズ、アラン・サンドラス、ピエール・トロワグロといったトップシェフが確立した料理のスタイルは「ヌーベル・キュイジーヌ（新しい料理）」と名付けられました。ヌーベル・キュイジーヌは素材そのものの味や美しい盛り付け、料理の香りや軽さといったものが重要視されます。これには日本料理の要素が多く含まれていると言われ、この時代にフランスで働いていた日本人シェフの影響も大きいと考えられます。ヌーベル・キュイジーヌの第一線で厨房に立っていた日本人が帰国することで日本のフランス料理界は大きく変化します。一九八〇年代からの成長は著しく、流通の向上によりヨーロッパからフレッシュな食材が入るようになり、フランスで修業を積んだシェフがフランスの食材を使い本物のフランス料理を提供するお店ができ始めるのです。それまで日本人が知らなかった最新のフランス料理は経済成長の時期と重なり、日本におけるハレの料理として定着することとなります。記念日やクリスマス、結婚式など特別な日に食べる料理がフランス料理になったのです。

フランス料理を志す料理人にとっても、フランスで働くことは大きな意味を持ち、たくさんの日本人が海外に修行に出ます。フランスの星付きレストランは、どんな田舎でも必ず日本人が働いているとも言われるようになります。現在ではワーキングホリデー制度も導入され、より多くの日本人がフランスで働いています。フランスで研鑽を積んだ日本人は帰国後にその最新の技法や文化を日本に伝えるのです。

フランスではヌーベル・キュイジーヌ以降、ジョエル・ロブション、アラン・デュカス、ピエール・ガルニエールといった次世代のシェフが「キュイジーヌ・モデルヌ」というカテゴリーを生み出します。これはヌーベル・キュイジーヌをベースにさまざまな技術や食材といった要素を取り入れ、より創造的で現代的なフランス料理へと昇華させるのです。ここが大きなターニングポイントであると考えます。より新しい料理を生み出すために、世界中の調味料や香辛料を取り入れ始め、醤油、出汁、みりん、山葵など多くの日本料理の食材も取り入れ始めます。フランス人シェフにとって新しい食材を取り入れて新しい物をクリエイティブすることは自然なことです。フランスはベトナムを植民地としていた時代があり、東南アジアの食文化が多く入っています。フランス人シェフにとってアジアの食材を使うことに大きな抵抗がなかったと想像できます。一方、日本で本物のフランス料理を提供したいという思いの強い日本人シェフにとっては、醤油や出汁を使うことは受け入れにくかったはずです。そういう意味では一九八〇年代の日本のフランス料理は、フランス人以上に「フランス料理らしさ」を大事にしていた時期だと考えられます。ヌーベル・キュイジーヌは日本のフランス料理界にとってのベースなのかもしれません。日本人がフランスに渡り、現地のレストランで活躍できたのも、日本国内でフランス料理の基礎を十分に習得できる技術や知識が業界のプラットフォームとして確立されていたのではないかと考えることができます。

一九九〇年代後半にはネットが普及し始め、SNSの時代へと移っていきます。日本の料理人にとって最新のフランス料理は料理書を通じてでしか得られなかったのが、リアルタイムに情報や画像を得られるようになると料理は大きく変わります。フランスではパスカル・バルボ、フィリップ・ミルといったシェフ達が芸術ともいえる料理を生み出していきます。スペインではフェラン・アドリアが料理を物理的、科学的に分析した「分子ガストロノミー」を確立させ大流行します。料理を科学的に考え、より美味しく、より美しく効果的に表現することが主流となり、当然日本にもこの流れは入ってきました。これを持ち込んだのは現地で修業した料理人ですが、分子ガストロノミーはWEBの活用が大きな特徴となります。世界のトップシェフが料理のビジュアルや技術をSNSに公開し、ECの発達により個人が世界中の食材や機材を注文できるようになりました。日本に取り込まれた世界の流行は日本人のフィルターを通し、日本のアイデンティティーを持ったフランス料理へと進化するのです。

近年ではミシュランのみならず、ゴエ・ミ・ヨ、ベストレストラン、ラ・リストなど世界基準のレストランガイドに日本のフランス料理店が並びます。日本のフランス料理文化の水準の高さを示すものであり、エスコフィエやヌーベル・キュイジーヌを基盤とした「日本のフランス料理」と言えるのではないでしょうか。七〇年代にフランスから帰国した日本人は「これこそがフランス料理だ」という信念で料理を作っていたはずです。いまや日本人が作るフランス料理は世界に対して「これもフランス料理です」と言えるほど、社会的な地位を得ていると感じています。

今現在、最先端のフランス料理がある場所は「ボキューズ・ドール」です。二年に一度リヨンで開催されるフランス料理のコンクールで、創始者は故ポール・ボキューズ氏。各国の威信を背負い、世界一の料理人を決めます。ここ一〇年ほどはノルウェー、デンマーク、スウェーデンなどの北欧勢が表現する料理が世界の評価を受けています。素材を大事にして純粋な美味しさを求めた表現であるにもかかわらず、ディティールまで緻密に計算された完璧な仕上がりはそれまでの北欧料理とは大きく異なり、ここにも料理の進化があったと考えられます。

日本から見るフランス料理のトレンドは常に変化し続けており、前述のとおり、日本料理を取り入れた時期もありましたが、二〇〇〇年代にはスペインに流れが変わります。そして現在は北欧のスタイルに大きな影響を受けています。ただ、一貫して変わらないものもある気がするのです。それは『ル・ギッド・キュリネール』が大切にされていることであり、ヌーベル・キュイジーヌが基礎であり、つまりは古典は不変であるということなのです。

現在は食に対しサステナブルであることや、文化や宗教といった多様性が求められる時代です。しかし元来、フランス料理の考え方はサステナブルであり、そして新しい物を柔軟に取り込みフランス料理へと昇華させてきた文化があるのです。世界が求めるものは時代によって移り変わります。しかし偉大な先人たちが確立させたcuisine française（フランス料理）は今日までたくさんのトップシェフの影響力を持って紡がれてきました。そしてこれからも文化に寄り添いながら脈々と紡がれていくのです。

現在、日本のフランス料理界は古典フランス料理が注目されており、その高度な技術や完成度の高さ、料理の仕上がりなどクラシックの重要性が再確認されております。SNSの普及で料理の外見ばかりが注視される中、その本質の部分を理解する力が問われる時代になったと言えます。

我々の世代は作り手として技術や知識を次の世代の料理人に継承する責任が、そして食べ手であるゲストにはお皿の上にフランス料理を生み出すことでcuisine française を紡いでいく責任があるのです。

Column 3

食卓に小麦の旨味を伝える伝道師になりたくて

大里敬太
（㈱ブーランジェリー エリックカイザージャポン　店舗営業部　九州統括）

日本にパン食の文化が広まり始めたのは明治時代以降のこと。当時のパンの主流は学校給食に出てきたようなフワフワのコッペパンやあんぱんたちで、バゲットを代表とするフランスパンは硬くて食べきれないと敬遠され、家庭の食卓で登場する機会はありませんでした。

一九六〇年前後、フランス国立製粉学校の教授レイモン・カルヴェルが来日し、本格的なフランスパンの製法を伝えました。全国各地でパン技術者を集め講習会を開いて普及に尽力したのです。当時の製法は生地を約三時間熟成させ焼き上げるもので、小麦本来の旨味を生地に表現していました。その後、ノルマンディー出身のフィリップ・ビゴが芦屋で店舗を開き、その弟子たちが全国で独立し、フランスパンの文化を広げていきました。

本格的な堅焼きパン製法を学んだ若い日本の技術者たちはその技を活かし、全国各地で地元の食材を使いながら日本ならではの美味しさを追求しています。なかでも福岡の明太フランスは外国人にも大人気で全国でも有名になっています。

私は現在勤務している会社（ブーランジェリー エリックカイザー ジャポン）に入る前は、大手ホールセールベーカリーの店舗企画担当として従事していました。会社を変わったのは二〇〇四年のことで、当時パン業界はスーパーやコンビニで販売されている所謂袋に入ったパンが主流でしたが、店内に設けられた厨房で焼いて裸で店頭に並べその熱々感や香りを五感で楽しむ「焼立てパン」のお店が出店ラッシュしていた時代でした。

新しい会社で私が携わったのは、日本で広く行われていたパン作りとは大きく異なり、ライ麦と小麦で起こした元種を培養し低温長時間発酵の天然酵母パンを紹介し広めていくミッションでした。

それまでのイーストだけで作るパン製法は仕込みからおよ六時間位で焼成しなければならないため、店の壁に「××パンは○○時に焼きあがります。」という掲示板が設置されていました。一方、我々が始めようとしていた製法は、前日に生地作りを行い低温で二〇時間程度熟成させて、翌日の営業時間中、短時間で小麦の旨味が漂う堅焼きのパンを焼くことができました。お分かりのように、これこそフランスパンの製造法です。

二〇〇四年、福岡に店がオープンした時には堅焼きパン（＝フランスパン）が家庭の食卓に載る機会はほとんどありませんでした。甘味があって柔らかい生地のパンが「美味しい」とされていたからです。生地の気泡が均一で綺麗に並んでいる状態が良いとされていました。しかし我々の自然発酵種を使った堅焼きパン（＝フランスパン）は、発酵の過程で生じるガスのために、大小さまざまな気泡が形成され、見た目は穴がボコボコ開いた不揃いの表面となっています。しかしこの気泡こそが酵母が活発に活動した証で、生地全体に小麦の旨味が漂ってくるのです。

フランスでは小麦粉は、水分を除いた灰の量による「タイプ数」で分類されます。この率を測定するには、ごく少量の小麦粉を九〇℃で燃焼します。可燃性でないため、燃え残ったミネラル分、つまり「灰分量」によってタイプ数が決まるのです。例えばタイプ65の小麦粉は、〇・六二〜〇・七五％の灰分量に相当します。タイプ数が上がるにつれて灰分量が増え、粉の色は薄茶またはグレーのようになります。灰分が〇・七五％以上の粉（タイプ80・タイプ110・タイプ150）はますます稀少になってきています。小麦の皮であるブラン（ふすま）や胚芽を含む小麦全体をそのまま粉砕して粉にしたものが全粒粉なので、出来れば栽培から輸送工程や加工まで農薬や化学薬品を使用せず、他の原料と混ざらないよう管理されたオーガニックや合理農法の粉を選ぶと良いでしょう*。

日本では「タンパク質の含有量（多い順に強力粉・準強力粉・中力粉・薄力粉）×灰分量」をもとに、等級で分類されます。小麦の原種であるスペルト小麦や一粒小麦を使ってパンを作る場合、粉のたんぱく質が形成する網の目構造はデリケートなので生地の扱いにはより注意が必要です。

日本ではタイプ65をモデルにした粉（フランスパン用粉）が作られており入手可能です。また、フランスでいうタイプ80以上の粉は全粒粉に相当します。タイプは違ってもフランスパン作りに適した風味豊かな小麦粉や代用できる小麦粉が日本にはたくさんあるので、作りたいパンのイメージや好みに合わせて粉選びも楽しめるようになりました。

現在では、国産小麦が進化し、酵母も多種にわたり、バターもフランスに負けないくらいクオリティーの良い発酵バターが開発され、いわゆるコストパフォーマンスが高くなっています。人々の「五感をくすぐる」パンが焼きあがっています。

視覚的には、バゲット、パン・ド・カンパーニュ、クロワッサン、パン・オ・ショコラなどさまざまな形状のパンを楽しめる。かつ、日本人は手先が器用なので、パンの形状はそれぞれであっても、色や大きさが揃っているので、店頭で並ぶ棚は見た目にきれいです。嗅覚的には、焼きあがったパンは小麦の旨味があたりに漂うので、店の前を通る人の食欲をそそります。触覚はパンの温度です。焼きたてのパンを触るととても熱い。パンの中心温度は八五℃〜九〇℃程。少し時間をおいて食べると幸せな気分になります。聴覚は、少しデリケートですが、焼きたてのバゲットはパチパチと音を立てており、生きてるという感じです。味覚はもちろん口に入れている時間です。焼きあがって時間がたつ程美味しいパン（トゥルト）もありますが、総じて焼きたてを食する幸せ感はなんとも言えません。

私が携わっているパンは天然酵母低温長時間発酵のパンです。焼いたその日のディナーや、翌日の朝食のシーンで食すと、パンが料理の名脇役として活躍しています。実は、フランスパンは冷凍耐性が非常に良く、イーストだけで作るパンと比べると鼻を衝く酸味臭もありません。一〇日〜二週間冷凍したものを自然解凍しオーブンで焼き戻すと、その旨味は焼きたて直後と変わらなく美味しいのです。

この冷凍して解凍して更に焼き戻すという一手

間を知らない方が多いために、堅焼きバゲットの食べ残った部分が乾燥して硬くなり過ぎて、最後には捨てられる運命でした。そこで私はお店では、必ず試食コーナーを設けて、焼きたての堅焼きパンを店頭の客に試食してもらいながら、その保存方法や美味しい食べ方を伝えてきました。目の前の客とのやり取りをその周囲の人たちが聞いていて「なるほどね～！」といって、自宅で実践してくれたなら、その人たちはフランスパンのファンになってくれると確信しています。

このようなパンの保存法や酵母や小麦の話を、皆さんに伝えるために二〇年前福岡市にある中学校の家庭科の授業1コマを借りてお話しました。それを皮切りに市内の製菓製パン専門学校や高校のグローバルコースの授業で話してきました。大学やアンスティチュ・フランセ福岡のオープン・キャンパスでも、在福のフランス人やフランス語を学ぶ学生さんを対象にパンの歴史や発酵のお話しをしました。

この試みを二〇年間続けてきたことで、フランスパンの普及に微力ながら役立てたかなと思います。

＊＝エリック・カイザー（2005）『100%パン　エリック・カイザー60のレシピ』弓幹桃子訳　毎日新聞出版社

Column 4

フランス菓子に魅せられて

吉開雄資
（パティスリーオーフィルドジュール・オーナーシェフ）

二二歳のときからフランス菓子に魅せられています。私にとってのフランス菓子は、フランスの伝統と文化に基づいて作られた全てのお菓子のことです。フランスの家庭で作られるマドレーヌやフランなどもフランス菓子。一流のレストラン、パティスリーで出されるデザートやオペラ、サバランなどもフランス菓子です。

まず、なぜ私がフランス菓子を学ぼうと思ったのかをお話ししましょう。私は当初、洋菓子は全て同じジャンルだと思っていました。幼少期には洋菓子屋さんが近所に何軒かあり、現在のパティスリーという名のお店はなく、九州ならカステラのさかえ屋、ケーキの西銀のような洋菓子屋さんでした。ケーキは国ごとに違いがあるとはじめて気づいたのは、私が小学生のころで、一九九〇年代に流行ったティラミスがきっかけでした。ティラミスがイタリア発祥であることを知り。小さい私は、日本でなく世界にもお菓子があることに驚きしました。

お小遣いの五百円玉を握りしめ、福岡の藤崎商店街にあったイタリア料理店にティラミスを五百円分、売ってほしいとお願いしました。五百円では足りないと思ったのですが、幸いなことに一個買うことができました。自宅に戻り念願のティラミスを口いっぱいに頬張り、少しむせながら食べました。洋酒が少しききコーヒーの苦味にマスカルポーネ（もちろん当時はこのチーズの名は知りもしません）のコクが三位一体になり口の中に広がりました。かなり大人の味で、正直子供の私には複雑な味と感じましたが、それでも胸が踊りました。

それから一〇年後に上京し、銀座の名店『フランス菓子　銀座レカン』で見たショーケースはまるで宝石箱のように輝いており、並んでいるガトーは全てが琥珀のようでした。その中でもひときわ光を放つガトー、それがミルフィーユフレーズでした。いくつもの層が織りなすパイ生地に真っ赤ないちご、そしてバニラたっぷりのクレームムースリーヌ。均等にカットされたガトーは一ミリの狂いもなくショーケースに収まっていました。店内のサロン・ド・テ（ティールーム）へ向かい当時の私には少し高額な紅茶のセット一二〇〇円を注文し緊張しながら食べました。

すべてのことに感動し、それを全身でうけとめながら、気がつけば私は「ここで働かせてほしい！」と責任者の方に直談判していました。これが私のフランス菓子人生の始まりです。

数年の修行を重ねると、フランス菓子に対してさまざまな疑問が湧いてきます。何故フランス人はソースアングレーズを作ったのか？　なぜガトーオペラを思いついたんだろう？　現在のようにスマートフォンやパソコンは普及しておらず、書籍でフランス菓子の歴史を調べました。わからないことが多く、やはりフランスに行くしかない、と思い始めました。八年間の日本での修行を終えて、渡仏したのは二〇〇八年のことです。現地で見たフランス菓子、アシェットデセール（皿に盛り付けたデザート）は少し未来を行っているように見えて刺激的でした。私の知っていたガトーやデセールはクラシカルなものに思え、少し寂しくも感じました。

フランス料理やフランス菓子の多くは、近隣諸国から入ってきた技術とフランス独自の文化とが合わさっていることがわかりました。冒頭でお話ししたソースアングレーズ（英国風）やソースオランデーズ（オランダ風）、お菓子ならフロランタン（フィレンツェ）、エンガディナ（スイス）など、あげていけばキリがありません。その理由は諸説ありますが、一八世紀のフランス革命前までは他国の王妃がフランスに嫁ぐ際、お抱えの料理人を連れてくることで、さまざまな文化が入ってきたと言われています。

現代だとソースアングレーズの作り方は、沸騰直前の牛乳に砂糖と卵黄をブランシール（卵黄と砂糖を撹拌することにより分子をバラバラにする製法）したところに、鍋の中の牛乳を三分の一入れて鍋に戻し、八五度まで温度をゆっくりあげる、と答えは書いてあります。しかしなぜこんなソースが作られたのかは解説されていません。私の想像ですが、シャバシャバの牛乳を何とかソース状にしたいと先人が考えたときに、「とろみつけたいけどどうすればいいかな？」「卵を入れてとろみつけようかな？」「温めた牛乳に直接卵を入れるとどうかな」「いや、先に砂糖混ぜてみようかな」と、このような試行錯誤があったでしょう。そしてその試行錯誤の背景には、そのように考えてみる文化があったはずです。

お菓子作りは文化的背景を想像し触れることで、さらに深みが増すのではないかと考えます。そうやって作ったお菓子は食べる人たちの心に響き、幸せを感じさせます。

「美味しいお菓子を作る。それを食べてくれる人たちが喜ぶ。だからまたお菓子が作りたくなる」私がフランス菓子に魅せられたのは、このことゆえだと思います。二〇一七年に他界した私の師匠、ローラン・ジャナンの座右の銘です。

『*Se nourrir du bonheur qu'on offre aux autres*』
（人に幸せを贈ることそれが私の糧となる）

おそらくローランも私もこれ以外にこの職業を続ける理由なんてなかったと思います。

七年間のフランスでの修行を終わらせ、私は故郷の福岡へ戻りました。フランス菓子を私なりに表現するため修行を始めたときからの夢だった、地元福岡での出店を決めたのです。パリのフランス菓子は常に進化し続け、常に新しいものに溢れています。日本のフランス菓子もそうであってほしいと思います。クラシックももちろん大事です。クラシックを貫くことも人を幸せにできるし、新しい表現も人を幸せにできる。だから二者択一でなく、どちらも表現すべきだと思います。私は自分のお店をその両方が感じれるところにしたい。そしてフランスの街のパティスリー同様、美味しいお菓子と美味しいパンが並び、そのお店に入っただけでフランスの香りがするような空間が表現できればいいと思っています。

パティシエになりたい！　そう思った日からすでに二〇年以上がたちます。当時はパティシエは爆発的な人気を誇る職業でした。今は残念なことに、パティシエの専門学校が廃校になるほど人気に陰りが出ています。日本のガトーの価格はフランスの三分の一です。その価格帯でやれているのはおそらく低賃金長労働時間という劣悪環境があるからです。この環境がなくならない限りパティシエはいなくなってしまいます。だからこそこれからはパティシエも幸せになり、そのパティシエが作ったケーキでもっともっとたくさんの人が幸せになる仕組み作りが大事だと思いますし、そうならねばなりません。これからパティシエを目指す皆さん、決して悪い職業ではありません。たった一つのケーキで家族全員が喜び幸せになるのですから。希望に満ち溢れた皆さんと一緒に働くことを楽しみにしています。

Column 5

フランス家庭料理にふれて

森山いづみ
料理家・管理栄養士

「コーヒーはうちでは飲まないの。飲みたかったらカフェに行ってね」

あれから一〇年たった今も思い出す言葉だ。最初にフランス料理にしっかり向き合ったのは、二〇代のころ。大学と調理師専門学校を出て料理の仕事についたもののフランス料理はやはり本場で習いたいと思い立ち、パリの料理学校「リッツエスコフィエ」に短期留学した。毎日毎日、贅沢な食材とバターとワインをたっぷりと使った料理の美味しさに魅了された。そして私はフランスかぶれとなって帰ってきた。

さあ、おしゃれなフランス料理を教えようと料理教室を始めたのはいいけれど、材料をそろえるのが大変、生徒さんはおいしいとは言ってくれるけれど、家ではその料理のレシピは引き出しにしまったままだという。

フランスの人って毎日こんな手の込んだものを本当に食べているのだろうか。フォンドヴォーやドゥミグラスソースを手作りしているんだろうか。疑問が積み重なっていった。フランスのふつうの家庭料理を食べたい！　と仕事を休んでホームステイに行ったのは四〇歳がすぐそこまでというときだった。

行った先はフランス中東部の街のディジョン。仕事を持った一人暮らしのマダムの家で朝晩のご飯付き、昼はブルゴーニュ大学のサマースクールに行き大学生たちと学食を食べるという一カ月だった。

ホームステイ先に着いて一息ついたころ、マダムが言ったのが冒頭の一言だった。彼女はリプトンのティーバッグを入れたビッグサイズのカフェオレボウルを手にして言った。「え…!?」カルチャーショックとはこのことか、とびっくりした。フランスといえばカフェ文化の国だし、家でも当たり前にコーヒーが出るものだと勝手に想像していた。確かにその家にはコーヒーを淹れる道具どころかインスタントコーヒーすらなかった。想像とは違う！

毎朝、私が自室で朝の準備を始めるとマダムがキッチンで料理する音が聞こえる。身支度をして食卓に行くともうその姿はなく、「ボンジュルネー」と声が部屋から聞こえてくる。軽く温めたフランスパン、トレーに数種のジャムやはちみつとヌテラ（チョコレートクリーム）、丼くらい大きいカフェオレボウルに入ったティーバッグの紅茶。ヌテラをスプーンでたっぷりすくい、ちぎったバケットにのせて急いで食べ、紅茶で流し込み、「ボンジュルネー！」と言ってから家を出る。

そして夕食。テーブルに紺色のランチョンマット、真ん中に白いプレートが置いてあり、右にナイフ左にフォーク、皿のむこうにデザートスプーン、グラスが一つおいてある。コース料理のように前菜のサラダから順番に登場する。サラダを食べている間にメインの料理がオーブンやフライパンで温められ、バターのいい香りがし始めたころに食卓に顔を出す。ひと通り食べたところで冷蔵庫からチーズ、デザートと出てくる。

料理はいたってシンプル。ほぼ毎日前菜はレタスとトマトだけのサラダにディジョンマスタードとバルサミコ酢の入ったドレッシング。メイン料理はオーブンで焼いたトマトと鶏肉の煮込みや、炒めた山盛りのインゲン、グリーンピース、冷凍食品のフライなどなど。味付けはバターと塩胡椒だけ、味が足りなければ塩やマスタードをかける。

特別なのは、チーズが出てくること。常にフレッシュのものと熟成されたもの二種がある。少しずつナイフで切って自分の皿にとって食べる。（ちなみに、この家ではコーヒーだけでなくワインも飲まなくて、夕食時は常温のミネラルウォーターだったから、チーズがおいしい日はワインが恋しかった）そして最後にちょっとした甘いものをデザートとして食べる。だいたいがチョコレートかヨーグルトだった。

毎日の暮らしの中にある家庭料理は、フランスだから豪華というわけでなく、その日その日の気候や体調、または気分に合わせて、いい意味で適当だった。仕事帰りにスーパーで季節の食材や、総菜や冷凍食品を買う暮らし。友人と囲む食卓には手作りのごちそうを作る日もあるけれど、繰り返し来る毎日は日本の暮らしと同じだった。

日常の食事はシンプルで何気ない一品からできている。料理の名前を言いたいところだけれど、「インゲンを炒めたもの」「ラディッシュにバターをつけて食べるもの」「トマトとチーズにオリーブオイルと塩をかけたもの」…、名もなき料理をたくさん味わえた。これぞ家庭料理、あぁ楽しい！

では日本との一番の違いはなんだろうと思い返すと、食事の時間が長いことだろう。順に出てくるので、メインの料理がオーブンで温められている間に、今朝のバスの中で起きた出来事、街でビールを飲んだ話、明日の天気のことなど会話をしながらゆっくりと進んでいく。

ある日少し体調が悪く、晩御飯はいらないとマダムに伝えた。とても心配をしてくれて、野菜を煮込んだ上に輪切りのフランスパンとチーズをのせた特製のスープを作ってくれた。食欲はなかったがありがたく食べ、やさしい気持ちが沁みた。マダムが仕事で晩御飯が作れない日は、テイクアウトのピザの日もあったけれど、そこまで日常をみせてくれたことに感謝しかなかった。

その後もフランスに行っては、フランスの家庭で料理をごちそうになった。やはり真っ白いプレートとフォークとナイフ、グラスが準備してあり、前菜から順に料理が出て、食卓を囲む時間はゆっくりと流れ、さまざまな会話が行き交った。余談だが、友人の叔母が作ってくれたアッシパルマンティエ（牛ひき肉とマッシュポテトのグラタン）がとても美味しく作り方を尋ねたら、「もちろん」と言ってコピー用紙をもらったのだが、それは雑誌に載っていた巨匠アラン・デュカスのレシピだった。有名料理家の美味しそうなレシピをみつけて作ってみることは、万国共通なのだろう。そこからまた会話が広がって遅くまで話し込んだ。

家庭料理はついおろそかにされがちだけれど、家庭料理こそが私たちの体を作り、日々を生きる力になってくれている。そして、フランスでは、料理をコミュニケーションのツールとして会話を楽しみ、同じ時間を過ごすことで人生の一部を分かちあっているのだ。

あとがき

世界で初めてユネスコの世界無形文化遺産に料理を登録するという画期的な試みを実現させたフランス。その食文化の歴史はどのようなものだろうかと、興味がわき研究を始めて一〇年以上になる。

筆者が学生のころ初めてフランスに留学したときにフランスの食に対して感じたことは四つあった。一つは、フランス料理は全部美味しいのだと思っていたが、学食でもレストランでも美味しい料理と美味しくない料理があることがわかった。二つ目に一皿の量が多くて日本人の胃袋ではとても全部食べ切れなかった。三つ目は、フランスのパティスリーのケーキは、どれも全部美味しかったことだ。四つ目に酒を飲めない筆者はワインもたくさん飲めなかったが、少し飲むと味の違いがわかることは嬉しかった。筆者はそのような普通の学生生活を送っていた。

あらためて研究者として、食の歴史を調べていくうちにだんだんおもしろくなってきた。料理、菓子、パン、家庭料理、ワインという分類は筆者が思いついた分類である。最初にパンとジャガイモの章を書いてみた。これなら本が書けそうだと思ったが、そう簡単にはいかず、三年の月日が流れた。今年こそはと思い、フランス料理とパティスリーの章を書いたとき、出版の意志が固まった。ワインの章は書きたいことが溜まっていたせいもあって一番長くなった。

筆者にとって文学でも絵画でも歴史的発見が一番おもしろい。過去と現在がつながり始めると喜びが生まれる。たとえば、置物のアントルメと動くアントルメについて書いているとき、動くアントルメは、現在のディナーショーに相当すると気づいた。フランスのテーブルセッティングは、左右対称のフランス整形式庭園に呼応している。初期の平焼きパンは皿の役割を担い現在のピザに相当するから丸ごと食べられる、パンのふすまの部分をわざわざ取り除いて白パンを食べる人々が今では全粒粉の黒パンを健康のために追い求めている、ワインを飲む人は色と香りでどれを飲むか決めているなど、書いていると楽しい発見が多かった。また、ファルス（詰め物）を調べているときにユゴーの『ノートル・ダム・ド・パリ』の冒頭がフワッと頭に浮かんできた。オ・ド・ヴィ（蒸留酒）について書いているときはゾラの『居酒屋』がどうしても頭から離れなかった。ジャガイモのときはミレーとファン・ゴッホの絵が全然違うことが気になってしかたがなかった。こんな具合で、筆者独自の視点で食文化の歴史を書きながら、文学作品や絵画作品を挿入していった。

また、食文化であれば本に写真を入れなければ楽しくないと思いつつ、フランスのレストランで写真を撮ることは撮ったが、何の料理か名称をメモするのを忘れ、あとで見ても思い出せなかった。いっそ動画にすればよかったかもしれないと考えたが、食レポも簡単にはいかない。

書き終わって最もフランス的だと思ったことは、二点ある。まずフランス人が匂いに敏感であり鋭い嗅覚を持つことは歴史が証明している点である。料理（ソース）、パティスリー、パン、ワインのすべてにおいて風味と香りを追求してきた。素材自体ももちろん新鮮なものがよいが、それより素材をどういう風味で食べるかが重大なのである。次に、フランス人は頑固である。ジャガイモをパンの代わりには絶対食べないことを何度も思い知らされた。食事にパンがないとダメなのである。フランスパンのバゲットがなぜ無形文化遺産に登録されたか、それはフランス人のパンへの執着から生じた結果なのだ。

パリ・オリンピックの夏、筆者はフランスへ行った。クレープ屋に入ってガレット（生ハム入りマリー・ジョゼというガレット）を注文し、飲み物としてシードル（ホップシードル）を頼んだ。するとウェイターが、ホップシードルは辛い sec から、マリー・ジョゼに合わない。甘い doux シードルの方がいいと言い出した。そこで、洋ナシシードル cidre poiré を注文した。はじめは、おせっかいだなと思ったが、そのウェイターは隣の外国人にも同じことを言って説得していた。ワインでも、この料理にはこのワインというマリアージュがあるが、食べ物と飲み物が合わないと美味しく食べられないというフランス人の自信は、総じて共有されていると言える。このような食のコミュニケーションがあるフランスと、その店の一番美味しいものを聞いて注文する、あるいはおまかせ料理などがある日本のレストランとは、根本的に食の文化が違うのではないかと思う。

この本に協力してくださったフレンチシェフの兵頭賢馬さん、パティスリーシェフの吉開雄資さん、エリック・カイザージャポンのマネージャー大里敬太さん、家庭料理教室を開いている森山いづみさん、ソムリエの吉村智美さんとも長い付き合いとなり、コラムを書いていただけたことは、本当に嬉しかった。皆さん、お忙しい中、慣れない仕事に快く取り掛かってくださった。現在、日本における生き生きとしたフランス食文化の担い手である。心より感謝を申し上げる。

最後に、この本の出版はカンナ社の石橋幸子氏がいなければ、まったく不可能であった。惜しみなく率直なアドバイスをいただき、左右社の小柳学氏を紹介していただいたことに厚くお礼を述べたい。

左右社の小柳学氏においては、最初から最後まで辛抱強く付き合っていただいた。端的ながら鋭く多くの指摘をしていただいた。そして厳しいながら優しい西川恭兵氏をはじめ出版社の皆様方の温かいご協力に心よりお礼を言いたい。

なお、この本の出版は、西南学院大学の助成金を得ていることを最後に申し添えて、感謝の意を表する。

二〇二四年一〇月　武末祐子

事項索引

あ

か

さ

た

な

は

ま

や・ら・わ

人名索引

あ

か

さ

た

な

は

ま

や・ら・わ

1章

Alexandre-Bidon, Danièle, (2009), « La cuisine au Moyen Âge », Exposition présentée à la Tour Jean sans Peur.

Brillat-Savarin, Jean-Anthelme, (1848), *Physiologie du goût*, G. de Gonet, Paris, Source gallica.bnf.fr / BnF, 2024.11.23閲覧（日本語訳：ブリア－サヴァラン（1995）『美味礼讃』上下巻、関根秀雄・戸部松実訳、岩波文庫）

Escoffier, Auguste, (1903), *Le Guide culinaire aide-mémoire de cuisine pratique*, Source gallica.bnf.fr / BnF, 2024.4.6閲覧

Furtière, Antoine, (1690), *Dictionnaire universel,* troisième tome, chez Arnout & Reinier Leers, A Rotterdam, https://books.google.co.jp/books?redir_esc=y&hl=fr&id=5Cw_AAAAcAAJ&q=-sauce#v=snippet&q=, 2024.3.24閲覧

Garnier-Pelle, Nicole, (2021), *Vatel Les fastes de la table sous Louis XIV,* collection Château de Chantilly, In Fine éditions d'art.

La Varenne, François-Pierre de, (1651), *Le Cuisinier français, Enseignant la manière...*, chez Pierre David, Source gallica.bnf.fr / BnF, 2024.3.24閲覧

Lévi-Strauss, Claude, (1967), « Le triangle culinaire », l'ALC n.26.（日本語訳：レヴィ＝ストロース、クロード（1968）「料理の三角形」西江雅之訳、『レヴィ＝ストロースの世界』伊藤晃他訳、みすず書房）

Massialot, François, (1698), *Le Cuisinier roïal et bourgeois*, C. de Sergy, le troisième édition, Source gallica.bnf.fr / BnF, 2024.3.24 閲覧

Massialot, François, (1722), *Le Nouveau Cuisinier roïal et bourgeois*, tome 1, chez Claude Prudhomme. Source gallica.bnf.fr / BnF, 2024.3.24 閲覧

Michel, Dominique, (1999), « Vatel et la naissance de la gastronomie », suivi de Recettes du Grand Siècle adaptées par Patrick Rambourg, Fayard.

Rambourg, Patrick, (2010), *Histoire de la cuisine et de la gastronomie françaises Du moyen Âge au XXᵉ siècle*, Éditions Perrin, tempus.

Tirel, Guillaume dit Taillevent, (1892), *Le Viandier*, Édition du XVᵉ siècle, chez Techener, Source gallica.bnf.fr / BnF, 2024.3.24 閲覧

Histoire de l'alimentation, (1996), sous la direction de Flandrin, J.-L. & Montanari, M., Fayard.（日本語訳：J－L・フランドラン、M・モンタナーリ編（2006）『食の歴史』I～III、宮原信・北代美和子監訳、藤原書店）

Ministère de la culture de France, Collections culture.fr, https://www.photo.rmn.fr/archive/05-516642-2C6NU07Z4OSM.html, 2024.10.12閲覧

朝岡久美子（2014）「スパイス・ハーブの魅力とブレンド術」『日本調理科学会誌』日本調理学会、四七巻一号、53-55頁

アロン、ジャン＝ピエール（1985）『食べるフランス史　19世紀の貴族と庶民の食卓』佐藤悦子訳、人文書院

エスコフィエ、オーギュスト（1969）『エスコフィエ　フランス料理』角田明訳、柴田書店

河智義弘（1994）「香辛料の有用性」『生活衛生』大阪生活衛生協会、三八巻二号、49-64頁
北山晴一（2008）『世界の食文化16―フランス』農文協
ギュイヨ、リュシアン（1987）『香辛料の世界史』池崎一郎他訳、白水社
ジェリネ、パトリス（2011）『美食の歴史2000年』北村陽子訳、原書房
タナヒル、レイ（2008）『美食のギャラリー　絵画で綴る食の文化史』栗山節子訳、八坂書房
西江雅之（2005）『「食」の課外授業』平凡社新書
プーラン、ジャン＝ピエール&ネランク、エドモン（2008）『プロのためのフランス料理の歴史　時代を変えたスーパーシェフと食通の系譜』、山内秀文訳、学研プラス
ローダン、レイチェル（2016）『料理と帝国　食文化の世界史　紀元前2万年から現代まで』ラッセル秀子訳、みすず書房
ヴィトー、ジャン（2008）『ガストロノミ　美食のための知識と知恵』佐原秋生訳、白水社

2章

Alexandre-Bidon, Danièle & Mane, Perrine, (2015), « À table au Moyen Âge », Exposition présentée à la Tour Jean sans Peur.
Bonnet, Jean-Claude, (1977), « Carême ou les derniers feux de la cuisine décorative » *Romantisme*, Volume 7, Numéro 17, pp.23-43. https ://www.persee.fr/doc/roman_0048-8593_1977_num_7_17_5121, 2009.11.13閲覧
Carême, Marie-Antoine, (2003), *Le pâtissier pittoresque*, Extraits, choisis et présentés par Allen S. Weiss, Mercure de France.
Carême, Marie-Antoine, (1815), *Le pâtissier pittoresque*, composé et dessiné par M. A. Carême, l'imprimerie de Firmin Didot, Libraire. 2024.3.24閲覧
Flandrin, Jean-Louis, (1996), « Choix Alimentaire et art culinaire (XVIe-XVIIIe) », *Histoire de l'alimentation*, sous la direction de Flandrin, J.-L. & Montanari, M., Fayard.（日本語訳：J・L・フランドラン、M・モンタナーリ編（2006）『食の歴史』I〜III、宮原信・北代美和子監訳、藤原書店）
Flaubert, Gustave, (1999), *Madame Bovary*, le livre de poche classiques.
Grandes Chroniques de France, Maître du couronnement de Charles VI enlumineur, Source gallica.bnf.fr/BnF, 2024.9.14閲覧
Hugo, Victor, (2009), *Notre-Dame de Paris*, Gallimard.（日本語訳：ユゴー、ヴィクトル（2000）『ノートル＝ダム・ド・パリ』辻昶・松下和則訳、潮出版社）
Hyman, Philip & Mary, (1996), « Imprimer la cuisine : les livres de cuisine en France entre le XVe et le XIXe siècle », *Histoire de l'alimentation*, sous la direction de Flandrin, J.-L. & Montanari, M., Fayard.
Laurioux, Bruno, (1996), « Cuisines médiévales (XIVe et XVe siècles) », *Histoire de l'alimentation*, sous la direction de Flandrin, J.-L. & Montanari, M., Fayard.
La Varenne, François-Pierre de, (1651), *Le Cuisinier français, Enseignant la manière*... chez Pierre David, Source gallica.bnf.fr/BnF, 2024.3.24閲覧
Massialot, François, (1715), *Nouvelle instruction pour les confitures, les liqueurs, les fruits*, Source gallica.bnf.fr/BnF, 2024.3.24閲覧
Quéruel, Danielle, (2007), « Des entremets aux intermèdes dans les banquets bourguignons » *Banquets et Manières de table au Moyen Âge*, Presse universitaire de Provence, 1996, https://doi.

org/10.4000/books.pup.3556.
Rambourg, Patrick, (2010), *Histoire de la cuisine et de la gastronomie françaises du Moyen Âge au XXᵉ siècle*, Éditions Perrin tempus.
Tirel, Guillaume dit Taillevent, (1892), *Le Viandier*, Édition du XVᵉ siècle, chez Techener, Source gallica.bnf.fr/BnF, 2024.3.24閲覧
ウィートン、バーバラ（1991）『味覚の歴史－フランスの食文化－中世から革命まで』辻美樹訳、大修館書店
ウェルギリウス（2004）『牧歌／農耕詩』小川正廣訳、京都大学学術出版会
川北稔（1996）『砂糖の世界史』岩波ジュニア新書
ケリー、イアン（2005）『宮廷料理人アントナン・カレーム』村上彩訳、ランダムハウス講談社
ジレ、フィリップ（1990）『フランス料理と美食文学』宇田川悟訳、平凡社
高平鳴海（2012）『図解　食の歴史』新紀元社
ノストラダムス（1999）『ノストラダムスの万能薬』クヌート・ベーザー編、明石三世訳、八坂書房
プーラン、ジャン＝ピエール&ネランク、エドモン（2008）『プロのためのフランス料理の歴史 時代を変えたスーパーシェフと食通の系譜』山内秀文訳、学研プラス
ローリー、アントニー（1996）『美食の歴史』池上俊一監修、富樫櫻子訳、創元社
フランス農務省のHP　https://agriculture.gouv.fr/le-repas-gastronomique-des-francais-un-patrimoine-culturel-immateriel-de-lhumanite, 2024.3.25 閲覧
クープ・デュ・モンド・ド・ラ・パティスリーについて（フランス語）https://www.cmpatisserie.com/fr/histoire-de-la-coupe-du-monde-de-la-patisserie, 2024.3.24閲覧（日本語）https://www.cdmp-japan.jp, 2024.3.24閲覧

3章

Alexandre-Bidon, Danièle, (2009), « La cuisine au Moyen Âge », Exposition présentée à la Tour Jean sans Peur.
Alexandre-Bidon, Danièle & Mane, Perrine, (2015), « À table au Moyen Âge », Exposition présentée à la Tour Jean sans Peur.
Birlouez, Eric, (2019), *Que mangeaient nos ancêtres ? De la préhistoire à la première guerre mondiale*, Éditions Ouest-France, Édilarge SA, Rennes.
L'Encyclopédie ou Dictionnaire raisonné des sciences, des arts et des métiers, (1751-1772), *Édition Numérique Collaborative et Critique de l'Encyclopédie (ENCCRE)*, http://enccre.academie-sciences.fr/encyclopedie/, 2021.2.24閲覧
FAOSTAT, www.fao.org/faostat/en/#data, 2021.2.24閲覧
Flandrin, Jean-Louis & Montanari, Massimo, sous la direction de, (1996), *Histoire de l'alimentation*, Fayard.（日本語訳：J‐L・フランドラン、M・モンタナーリ編（2006）『食の歴史』I～III、宮原信・北代美和子監訳、藤原書店）
Flaubert, Gustave, « Un cœur simple » *Trois contes*, bnF Gallica, texte établi par Peter Michael Wetherill, https://flaubert.univ-rouen.fr/œuvres/œuvres-publiées/trois-contes/, 2021.3.10閲覧
Hugo, Victor, *Les Misérables*, 1ᵉʳ partie, Fantine, Hachette, Paris, 1881-1882, Source gallica bnf. fr/BnF, 2024.12.26閲覧
Kaplan, Steven Laurence, (2020), « Il faut sauver la culture du pain », *La Vie*, publié le 22. 01. 2020.

https://www.lavie.fr/ma-vie/sante-bien-etre/steven-l-kaplan-il-faut-sauver-la-culture-du-pain-3158.php, 2021.3.10閲覧

Kaplan, Steven, Laurence, (2017), « Les temps du pain dans le Paris du XVIIIe siècle » d'après la traduction de Jeannine Routier-Pucci, pp.235-271, *Le temps de manger*, Editions de la Maison des sciences de l'homme, https://books.openedition.org/editionsmsh/8152#:~:text=En%20règle%20générale%2C%20on%20comptait,disait%20un%20proverbe%20de%20boulanger. 2021.3.10閲覧

Maupassant, Guy de, (1885), « le vieux » *Contes du jour et de la nuit*, C. Marpon et E. Flammarion, Source gallica.bnf.fr / BnF, 2021.3.10閲覧

Rambourg, Patrick, (2010), *Histoire de la cuisine et de la gastronomie françaises*, Éditions Perrin.

須田文明（2018）「フランスにおける小麦＝パンのフード システム」『［主要国農業戦略横断・総合］プロジェクト研究資料』第6号第5章、農林水産政策研究所

スパイヴィー、ナイジェル＆スクワイア、マイケル（2007）『ギリシア・ローマ文化誌百科』上巻、小林雅夫・松原俊文監訳、原書房

タナヒル、レイ（2008）『美食のギャラリー　絵画で綴る食の文化史』栗山節子訳、八坂書房

谷澤容子、中谷圭子、畑江敬子（2002）「フランス人の日常食についての実態調査－1993年ストラスブールの主婦の場合－」『日本調理科学会誌』三五巻四号

舟田詠子（1998）『パンの文化史』朝日新聞出版社

ホメロス（2010）『オデュッセイア』上巻、松平千秋訳、岩波文庫

吉田敦彦（2009）『オデュッセウスの冒険』青土社

ルーベル、ウィリアム（2013）『パンの歴史』堤理華訳、原書房

4章

Alexandre-Bidon, Danièle, (2009), *La cuisine au Moyen Âge*, Exposition présentée à la Tour Jean sans Peur.

Birlouez, Eric, (2019), *Que mangeaient nos ancêtres ? De la préhistoire à la première guerre mondiale*, Éditions Ouest-France, Édilarge SA, Rennes.

de Serres, Olivier, (1600), *Le Théâtre d'agriculture et mesnage des champs,* Source gallica.bnf.fr / BnF, Paris, 2024.10.18閲覧

Désert, Gabriel, (1955), « La culture de la pomme de terre dans le Calvados au XIXe siècle » *Annales de Normandie,* 5e année, n° 3-4, p.261-270 ; https://www.persee.fr/doc/annor_0003-4134_1955_num_5_3_6514, Fichier pdf généré le 05/01/2019, la Persée.2021.1.3閲覧

Flandrin, Jean-Louis & Montanari, Massimo, sous la direction de, (1996), *Histoire de l'alimentation*, Fayard.（日本語訳：J－L・フランドラン、M・モンタナーリ編（2006）『食の歴史』I～III、宮原信・北代美和子監訳、藤原書店）

Grimod de la Reynière, Alexandre Balthazar Laurent, (1808), *Manuel des amphitryons,* Capelle et Renand, Source gallica.bnf.fr / BnF, 2024.5.26閲覧

L'Encyclopédie ou Dictionnaire raisonné des sciences, des arts et des métiers, (1751-1772), *Édition Numérique Collaborative et Critique de l'Encyclopédie (ENCCRE),* http://enccre.academie-sciences.fr/encyclopedie/, 2021.1.3閲覧

Parmentier, Antoine-Augustin, (1773), *Examen chimique des pommes de terre dans lequel on traite des parties constituantes du bled*, Chez Didot, Paris, Source gallica.bnf.fr / BnF, 2021.1.3閲覧

Rambourg, Patrick, (2010), *Histoire de la cuisine et de la gastronomie françaises : du Moyen Âge au XXe siècle*, Édition Perrin.

Regnault, Genevième & Nicola-François, *La botanique mise à la portée de tout le monde, ou Collection des plantes d'usage dans la médecine, dans les alimens et dans les arts, avec des notices... Précédé d'une introduction à la botanique, ou dictionnaire abrégé des principaux termes employés dans cette science...* Exécuté et publié par les Sr et De Regnault.... Tome 1, Source gallica.bnf.fr / BnF, 2024.10.18閲覧

Ville de Besançon, Mémoire vive, patrimoine numérisé de Besançon, *Patate, cartoufle et pomme de ter re : Parmentier récompensé*, https://memoirevive.besancon.fr/page/patate-cartoufle-et-pomme-de-terre-parmentier-recompense, « A la loupe 2013 », 2024.10.18閲覧

アタリ、ジャック（2020）『食の歴史　人類はこれまで何を食べてきたのか』林昌宏訳、プレジデント社

ザッカーマン、ラリー（2003）『じゃがいもが世界を救った　ポテトの文化史』関口篤訳、青土社

スミス、F・アンドルー（2014）『「食」の図書館　ジャガイモの歴史』竹田円訳、原書房

高木正道（1999）「近世ヨーロッパの人口動態（1500〜1800年）」『経済研究』四巻二号、静岡大学、147-174頁

タナヒル、レイ（2008）『美食のギャラリー　絵画で綴る食の文化史』栗山節子訳、八坂書房

林良児（2012）「ミレーの光」『愛知県立大学外国語学部紀要　言語・文学編』四四巻、155-184頁

山本紀夫（2008）『ジャガイモのきた道　文明・飢饉・戦争』岩波新書

5章

Alexandre-Bidon, Danièle & Mane, Perrine, (2015), « À table au Moyen Âge », Exposition présentée à la Tour Jean sans Peur.

Arnaud, Megan, « Ne plus confondre brasserie, bistro et café ! », *Madame Figaro*, le 16 mai 2019, mis à jour le 15 sept. 2020, https://madame.lefigaro.fr/cuisine/quelles-sont-les-differences-entre-brasserie-bistrot-et-cafe-160519-165104, 2024.4.14閲覧

Flandrin, Jean-Louis, (1996), « L'alimentation paysanne en économie de subsistance », *Histoire de l'alimentation*, sous la direction de Jean-Louis Flandrin et Massimo Montanari, Fayard, pp.597-627.

Garnier-Pelle, Nicole, (2021), *Vatel Les fastes de la table sous Louis XIV*, Collection Château de Chantilly, In Fine éditions d'art.

Joannès, Francis, (1996), « La fonction sociale du banquet dans les premières civilisations », *Histoire de l'alimentation* sous la direction de Flandrin, J.-L. & Montanari, M., Fayard, pp.47-59.

Leconte de Lisle, Charles-Marie-René, (1877), *L'Odysée,* traduction nouvelle, Alphonse Lemerre Éditeur, Paris. Source gallica.bnf.fr / BnF, 2024.5.18閲覧

Lecoutre, Matthieu, (2019), *Atlas historique du vin en France De l'Antiquité à nos jours*, Préface de Jean-Robert Pitte, Cartographie Hugues Piolet, Édition Autrement.

Montanari, Massimo, (1996), « Structures de production et systèmes alimentaires », *Histoire de l'alimentation* sous la direction de Flandrin, J.-L. & Montanari, M., Fayard, pp.283-293.

Nourrisson, Didier, (2017), *Une histoire du vin*, Perrin.

Pitte, Jean-Robert, (1996), « Naissance et expansion des restaurants », *Histoire de l'alimentation* sous la direction de Flandrin, J.-L. & Montanari, M., Fayard, pp.767-778.

Pitte, Jean-Robert, (2017), « Introduction », *Les Accords Mets - Vins, un art français*, sous la direction

de Jean-Pierre Pitte, CNRS Editions.
Rambourg, Patrick, (2010), *Histoire de la cuisine et de la gastronomie françaises*, Édition Perrin.
Revel, Jean-François, (1995), *Un festin en paroles : Histoire littéraire de la sensibilité gastronomique de l'Antiquité à nos jours*, Nouvelle édition revue et augmentée, Plon.
Rowley, Anthony & Ribaut, Jean-Claude, (2008), *Le Vin : Une histoire de goût*, découvertes Gallimard.
Zola, Emile, (1979), *L'Assommoir*, Fasquelle.
Dictionnaire de Trevoux, (Édition lorraine, Nancy 1738-1742) https://trevoux.atilf.fr/menu1.php, 2024.4.6閲覧
Kronenbourg, https://kronenbourg.com/lentreprise/brasseries-kronenbourg/lhistoire-de-brasseries-kronenbourg/, 2024.4.14閲覧
Le Figaro, https://www.lefigaro.fr/langue-francaise/actu-des-mots/bistrot-forcene-ces-mots-dont-vous-ignorez-l-origine-20220415, 2024.4.6閲覧
Organisation Internationale de la Vigne et du Vin（OIV）, https://www.oiv.int/fr, 2024.4.6閲覧
スタンデージ、トム（2007）『世界を変えた６つの飲み物　ビール、ワイン、蒸留酒、コーヒー、紅茶、コーラが語るもう一つの歴史』新井崇嗣訳、インターシフト
辻静雄（1971）『パリの居酒屋』柴田書店
東京大学経済学図書館経済学部資料室「アダムスミスからの知の継承　第II部スミスが生きた時代：ウィリアム・ホガースのまなざし」https://lib-dm.e.u-tokyo.ac.jp/ホーム/アダム-スミスからの知の継承/第ii部/、2024.5.1閲覧
中野京子（2017）『怖い絵　死と乙女編』角川文庫
ピット、ジャン＝ロベール（2012）『ワインの世界史　海を渡ったワインの秘密』幸田礼雅訳、原書房
プラトーン（1977）『饗宴』森進一訳、新潮文庫
プーラン、ジャン＝ピエール&ネランク、エドモン（2008）『プロのためのフランス料理の歴史　時代を変えたスーパーシェフと食通の系譜』山内秀文訳、学研プラス
ペラン、ジャック（2010）「テロワールの喧騒」『テロワールとワインの造り手たち　ヴィニュロンが語るワインへの愛』リゴー、ジャッキー編、野澤玲子訳、作品社
山本博（2010）『ワインの歴史　自然の恵みと人間の知恵の歩み』河出書房新社
リゴー、ジャッキー（2010）『テロワールとワインの造り手たち　ヴィニュロンが語るワインへの愛』野澤玲子訳、作品社

武末祐子（たけまつ・ゆうこ）

西南学院大学外国語学部教授。グルノーブル第三大学フランス文学博士DSR取得。パリ第四大学フランス文学DEA取得。専門は一九世紀フランス文学、研究テーマは文学・芸術におけるグロテスク美学。著書に『グロテスク・美のイメージ ドムス・アウレア、ピラネージからフロベールまで』（春風社）、『テ・サンパ　～フランス語っていい感じ！～』（朝日出版社、共著）、« L'Arabesque de Gustave Moreau », *Si est tens a fester* （CEMT EDITIONS）。

ガストロノミーの誕生
フランスの食文化から見た文学・絵画

二〇二五年三月一〇日　第一刷発行

著者　武末祐子
発行者　小柳学
発行所　株式会社左右社
〒一五一 - 〇〇五一　東京都渋谷区千駄ヶ谷三 - 五五 - 一二　ヴィラパルテノンB1
TEL：〇三 - 五七八六 - 六〇三〇
FAX：〇三 - 五七八六 - 六〇三二
https://sayusha.com

装幀　松田行正＋杉本聖士
コーディネート　カンナ社
印刷　創栄図書印刷株式会社

©Yuko, TAKEMATSU 2025, Printed in Japan
ISBN978-4-86528-458-4
本書の無断転載ならびにコピー・スキャン・デジタル化などの無断複製を禁じます。
乱丁・落丁のお取り替えは直接小社までお送りください。